問いで紡ぐ

小学校 道徳科 授業づくり

國學院大學教授

田沼茂紀

［編著］

東洋館出版社

はじめに

　昭和33（1958）年に特設され、義務教育諸学校の教科外教育・領域の時間として60年間に及ぶ足跡を刻んできた「道徳の時間」が平成30（2018）年度より小学校で、平成31・令和元（2019）年度より中学校で「特別の教科　道徳」＝道徳科へ全面移行転換し、わが国の道徳科新時代の幕が切って落とされました。平成時代から令和時代へと時代の転換期と時を同じくしてわが国の道徳教育改革が実施されたのは、単なる偶然というよりもこれから始まる新たな時代がそのような教育改革を求めた結果ではないのかと思わずにはいられません。果たして、令和時代の道徳教育を牽引する「要（かなめ）」の時間となる道徳科授業はこれからどのように進化していけばよいのでしょう。本書は、そんな道徳科新時代の道標となるような提案として企画され、確かな理論構築と実践的検証を伴って刊行されました。

　現代社会は不透明・不確実な構造を有しています。半世紀の時を経て再度巡ってきたオリンピック、パラリンピックで大いに盛り上がっていた最中、突如として新型コロナウイルスの猛威が世界を席巻しています。現代社会では想定外の出来ごとと同時に道徳的問題も同様に生じてきます。

　今般の道徳科への移行転換に至る過程で注目されてきた道徳的資質・能力形成を前提とした道徳性の育成という視点は、このような時代的背景と全く無縁ではないと考えます。Society5.0といった未来社会の到来も間近です。やはり、道徳教育の方法論も時代の推移と共に変化しなければならないと考えます。自分たちの道徳的日常生活の現実を直視し、それらに的確に対応することができる新時代にふさわしい道徳科授業の在り方を本書は検討していきます。もちろん、不易と流行といった視点も大切にしつつ新しい道徳科授業の在り方を提案するというのが本書の意図するところです。

　本書を世に問うにあたり、道徳教育や道徳科授業の不易部分については、以下のように考えています。

世代を問わず、多くの人々から支持されている書の詩人相田みつを（1924-1991年）氏の『道』と題する詩書作品の一部を引用・紹介させていただきながら、本書が真意とする部分に言及していきたいと思います。

　　道は　じぶんでつくる

　　道は　じぶんでひらく

　いかがでしょうか。「ああ、確かにそうだ」「自分の一生も、自分の生き方も、それを創るのは自分でしかできない」と大いに納得されるのではないでしょうか。そんな自分自身の生き方や在り方に思いを致していると、相田氏はその後にこう続けてたたみ掛けてきます。

　　人のつくったものは　じぶんの道にはならない

　すばらしい紡ぎの言葉です。まさに道徳教育、特に道徳科授業のためのような書詩であると、作品を目にするたびに新たな感銘を受けます。

　翻って、これを道徳科新時代の授業に当てはめて考えてみると、いくつかの大切な視点が見えてきます。取りまとめると、以下の3視点になります。

　①　自分の生き方を学ぶ必然として「問い」が不可欠である。

　②　自分の「問い」の解決には見通しのある学びの紡ぎが欠かせない。

　③　自分の本質的な「問い」は個別な問いを俯瞰してこそ見いだされる。

　本書が提案する道徳科授業理論は3点あります。先に述べた3視点を踏まえた方法論的な考え方、すなわち①「課題探求型道徳科授業」、②「パッケージ型ユニット」、③「グループ・モデレーション」です。もっとキャッチコピー的に述べれば、「子どもたちが受け身になる道徳授業から、子どもたちが動き出す道徳科授業への提案」です。子どもたちは、道徳科授業を通してそれぞれに自分の内に道徳を創ります。子どもたちは自分の内なる道徳を発揮してこれからの自分の人生を拓いていきます。世の大人たちがいくら押し付けても、子どもたちは自分の創った道徳以外は「道標」として受け入れません。本書が述べる道徳科教育学型授業改革理論、どうぞご賛同ください。

令和2年水無月　田沼茂紀

INDEX

はじめに …… 002

第1章 理論編

第1節 | なぜ、いま道徳科授業に「問い」が必要なのか？　008

1　道徳は教えられるのか …… 008
2　道徳的であるとはどういうことか …… 008
3　道徳学びにおける「問い」の意味を考える …… 009
4　なぜ「問い」をもつと道徳的価値観形成が促進されるのか …… 011
5　「問い」をもとに主体的に解決できる学習プロセスを創造する …… 012
6　「課題探求型道徳科授業」で子どもの価値観創造をどう促すか …… 014
7　「問い」をどう共有して「共通解」「納得解」へと発展させるのか …… 015
8　課題探求型道徳科授業を展開するための教材はどうあるべきか …… 018
9　課題探求型道徳科授業における「発問」の役割とは何か …… 019
10　課題探求型道徳科授業での「評価」の考え方 …… 020

──────── 國學院大學人間開発学部初等教育学科教授　田沼茂紀

第2節 | パッケージ型ユニットはなぜ道徳科授業を活性化するのか？　024

1　なぜ「パッケージ型ユニット」による道徳科授業がよいのか …… 024
2　パッケージ型ユニットでの学習ストーリーをどう考えるか …… 027

──────── 國學院大學人間開発学部初等教育学科教授　田沼茂紀

第3節 | パッケージ型ユニットを活性化するグループ・モデレーション　037

1　なぜ「パッケージ型ユニット」でグループ・モデレーションなのか …… 037
2　ユニット中でグループ・モデレーションはなぜ入れ子構造なのか …… 037
3　全体を俯瞰しつつ各時授業に有意味性をどうもたせるのか …… 038

──────── 國學院大學人間開発学部初等教育学科教授　田沼茂紀

第2章 実践編

Package 01 第1学年/1月　　　　　　　　　　　　愛知県・あま市立七宝小学校　教諭　鈴木賢一
「頑張る気持ち」をどう生かしていったらいいんだろう？ …… 042

Package 02 第1学年/3月　　　　　　　　　　　　岡山大学教育学部附属小学校　教諭　尾崎正美
大きくなるってどんな気もち？ …… 052

Package 03 第2学年/12月　　　　　　　　　　　千葉大学教育学部附属小学校　教諭　本村徹也
生きるってどういうこと？ …… 060

Package 04 第2学年/1月　　　　　　　　　　神奈川県・綾瀬市立西綾小学校　教諭　吉田雄一
のこりの2か月　クラスのみんなで楽しく過ごすにはどうすればいいのだろう？ …… 070

Package 05 第3学年/9月　　　　　　　　大阪府・豊能町立東ときわ台小学校　首席　龍神美和
「いいクラス」になるためには、一人ひとりがどんなことを大切にすればよいだろう？ …… 080

Package 06 第3学年/2月　　　　　　　　東京都・板橋区立上板橋第四小学校　教諭　曽根原和明
自分にとって失敗とは何だろう？ …… 090

Package 07 第4学年/1月　　　　　　　　　　　京都府・京都市立桂川小学校　教頭　鎌田賢二
自ら考え、判断し、行動するために大切なことはどんなことだろう？ …… 100

Package 08 第4学年/1月　　　　　　　　　神奈川県・寒川町立一之宮小学校　教諭　原　陽平
「きまり」の大切さについて考えを深めよう …… 110

Package 09 第5学年/12月　鳥取県・鳥取市立末恒小学校　教諭（兵庫教育大学教職大学院）　門脇大輔
自分は誰をどのように支え、誰にどのように支えられているのだろう？ …… 120

Package 10 第5学年/2月　　　　　　　　　東京学芸大学附属小金井小学校　教諭　遠藤信幸
なりたい自分に近づくためには、今どうすればいいのだろう？ …… 130

Package 11 第6学年/2月　　　　　　　　神奈川県・横浜市立東台小学校　教諭　吉野剛史
みんなが気持ちよく過ごすために必要な考え方とは何だろう？ …… 140

Package 12 第6学年/3月　　　　　横浜国立大学教育学部附属鎌倉小学校　教諭　小倉健太郎
「信じる」ことってどうして大切なんだろう？ …… 150

Package 13 特別支援学級/1年間　　　　　神奈川県・寒川町立一之宮小学校　教諭　笠原祐人
みんなと仲よく生活するにはどうすればよいのだろう？ …… 160

あとがき …… 170

第1章

理論編

なぜ、いま道徳科授業に
「問い」が必要なのか？

1 道徳は教えられるのか

「はじめに」で紹介した相田みつを氏の詩書作品『道』に触れるたびに思い起こすのが、小・中学校学習指導要領第1章「総則」第1「小（中）学校教育の基本と教育課程の役割」の2(2)に述べられている文言です。

そこには道徳教育について、「自己の（人間としての＊中学校）生き方を考え、主体的な判断の下に行動し、自立した人間として他者と共によりよく生きるための基盤となる道徳性を養うことを目標とすること」とあります。まさに「道は　じぶんでつくる」ことであり、「道は　じぶんでひらく」ことに違いありません。当然、そのような性質のものである以上は「人のつくったものは　じぶんの道にならない」ということになります。

そんなイメージで道徳科の本来的な姿を探究していきますと「道徳は教えられない」と、やはりこんな結論に至ってしまいます。

たとえば、古代ギリシャの哲学者として著名なソクラテス（紀元前469年頃〜紀元前399年）は、他の都市国家から教えを請うて来訪した青年メノンに「人間の徳性というのは、はたしてひとに教えることができるものであるか」（『メノン』プラトン著／藤沢令夫訳　1994年　岩波文庫　p9）と尋ねられます。するとソクラテスは、徳に限らずどんな事柄であってもそれが教えられるものであれば必ずそれを教える教師がいるはずで、同時に学ぶ者もいなければならないと前置きします。そして、青年メノンに「誰か徳の教師がいないかと何度もたずねて、あらゆる努力をつくしてみたにもかかわらず、見つけ出すことができないでいることはたしかなのだ」（前掲書p82）と既に老境に至っているソクラテスが語りかけるのです。

2 道徳的であるとはどういうことか

古代ギリシャの哲学者ソクラテスと青年メノンとの対話から見えてくるの

は、道徳は知識ではあるがそれは誰も教えることができない知識、換言すれば「個々の人間の内面に血肉化されて形成される生きて働く切実感の伴う知識」とも言えるのではないでしょうか。

　確かに、他の知識のように頭で理解すればそれを即座に利活用できるようになるとはならないのが道徳です。子どもたちは小学校に入学する前から既に周囲の大人たちに「いのちはたった一つしかないから大切にしないといけない」「誰か困っている人がいたら優しく親切にするんだよ」「誰かに何かをしてもらったら『ありがとう』と感謝するのだよ」等々、たくさんの道徳的知識を身につけさせられて成長してきています。しかし、子どもたちの道徳的日常生活では友達に優しくするどころかけんかをしたり、平気で意地悪したりします。また、生命は尊いものなのに他の生き物の命を粗末にしたり、自分の生命を省みないような無謀な行動をしたりすることも日常茶飯事です。ならば、子どもが道徳を理解することと、小・中学校学習指導要領第3章「特別の教科　道徳」第1「目標」に示された「道徳的諸価値についての理解を基に」とは、どのような有意的関連性をもって存在するのでしょうか。

　道徳的諸価値の理解なのですが、それが子どもの口を衝いて出たとしても本人自身が切実な自分ごととして自律的に理解し、日々実践しているのかと問うならば、とても心許ない思いに駆られるのではないでしょうか。他者に言われて何かをするとか、他者に嫌われたり叱られたりするからそうならないように何かするというのは他律的な道徳性発達段階で、子ども自身の自律的意志による内面化された道徳的行為とは言いかねます。ならば、学校で道徳教育をするということの意味をどう考え、実践すればよいのでしょうか。

　「はじめに」で紹介した相田みつを氏の詩書作品『道』に記された「道はじぶんでつくる／道は　じぶんでひらく」、このような働きかけをする以外、実効性の伴う有効な道徳指導の手立てはないように思われます。その際、特に留意したいのは道徳を学ぶ子ども自身の「問い」の重要性です。

3　道徳学びにおける「問い」の意味を考える

　人は誰しも自らの生きる道標、言い換えれば、道徳的思考・判断・行動の

もととなる道徳的価値観をもっています。それはどのように形成されたのか
と問うなら、本人自身の主体的な思考・判断結果と納得とによる取捨選択過
程を経ることによって身につけられた固有の学びの結果です。幼児期や児童
期前期あたりでは親や教師、周囲の大人の教えに他律的に従うようなことが
あるかもしれませんが、自我の芽生えと共に自律的に道徳的諸問題をとらえ、
「望ましさについてのものの見方・感じ方・考え方」を確立して自らの道徳
的思考・判断・行動のもととなる道徳的価値観を形成していきます。その道
徳的価値観形成の際に何をさておいても不可欠なのが、子ども自身の切実な
る「問い」なのです。自律的かつ具体的な目的となる「問い」がないところ
に自分ごととしての必然的な道徳学びなど生まれようもないのです。

図1　道徳科における道徳学びの構造

　また、自らの道徳的価値観形成を促進していくためには「道徳的資質・能力」
を高めていく必要もあります。道徳的資質とは、人格形成に寄与する道徳性
や社会性等の人格全体に関わる特性を意味します。道徳的能力とは、その道
徳的資質を根幹の部分で支える思考力や判断力、道徳的態度等の思考ツール
もしくは思考ツールを発揮するためのパーツとして機能します。だからこそ、
道徳的資質・能力を育むためには、平成29（2017）年に告示された小・
中学校学習指導要領で目指す資質・能力を形成するための基本方針となって
いる①「知識・技能の習得」、②「思考力・判断力・表現力等の育成」、③「学
びに向かう力・人間性等の涵養」という3要素による学力観、さらにはそ
れを実現する姿としての能動的な学びを可能にする授業改善指針となってい
る「主体的・対話的で深い学び」が重要なのです。

4　なぜ「問い」をもつと道徳的価値観形成が促進されるのか

　子どもたちがそれぞれに自らの道徳的価値観形成をしていくためには、学習指導要領「特別の教科　道徳」の目標に示されているように、道徳的諸価値についての理解をもとに、自分自身を見つめ、道徳的諸課題を多面的・多角的に考え、それを自身の生き方に収斂していけることが大切です。そのような道徳学びを実現するためには、自分が日々対峙している道徳的諸課題について自分ごととして「問い」をもって課題探求できる道徳学習＝「主体的・対話的で深い学び」でなくてはなりません。つまり、子ども一人一人が日々の道徳科授業を通して自ら感得できる「納得解」がもてるような主体的な学びを可能にする場を実現していくことが何よりも重要なのです。

　そのためには、「考え、議論する道徳」を大切にしなければなりません。子どもたちは道徳的課題を他者と語り合うことを通して、多様な道徳的思考・判断が可能となります。しかし、大切なのはそこで得た自分とは異なるものの見方・感じ方・考え方をもう一人の自分と自己内対話することで、自分ごととして価値づけていくという事実です。自分が感得できた納得解は、そのまま自分の道徳的価値観として個の内面にしっかりと形成されていきます。ですから、道徳科授業においては他者との議論（語り合い）を通して自己内対話するきっかけをもてるようにしていくことがとても大切なのです。

　本書ではまず、子どもがそれぞれの「道徳的問い」をもとに自己課題解決を目指して探求学習を進める課題探求型道徳科授業の考え方や、道徳科ではなぜそれが大切なのかという根源的問題を最初に提案したいと考えます。

図2　価値観形成における他者対話と自己内対話の関係性

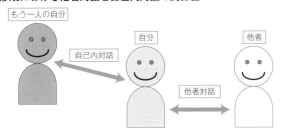

5 「問い」をもとに主体的に解決できる学習プロセスを創造する

　子どもが自分の道（価値観）を創り、その先に新たな道を拓いていくために必要な道徳的資質・能力をイメージし、それを形成できる道徳科授業を構想していくには、学習プロセスがとても重要になってきます。

　従前の「道徳の時間」では、設定した本時のねらいを効率的に達成していくという教師主導型の指導過程論が主流でした。ですから、①「学習者の思いに関係なく教師がねらい達成のために発問で引っ張る他律的な授業」、②「教材理解を通して他人ごとの価値理解を迫る授業」、③「学習成果を知識・技能面での理解に偏って評価するような授業」から脱却できず、子どもたちが教師の意図する正答探しに陥っているような面も多々見受けられました。

　ならば、子ども一人一人の主体的で自律的な「問い」をもとに展開する課題探求型道徳科授業は一体どうすれば実現できるのでしょうか。その視点としては、以下の３側面があると考えます。

> ■子どもの「問い」にもとづく課題探求型道徳科授業創りのポイント
> 　①道徳的諸課題解決のための課題意識を明確にもてるようにする。
> 　②教材を活用しながら自分ごとのリアルな価値理解を引き出す。
> 　③論理的思考力をはぐくむ学び方や学ぶ意欲を肯定的に育てる。

　まず教師は、子ども自身に道徳的課題意識（めあて）がないならば、決して自分ごとの道徳学びは生まれないことを自覚すべきです。ですから、教材中の登場人物の心情のみをとらえさせて他人ごとの価値理解を促すのではなく、教材活用をしながら自分の生活と直結した自分ごとのリアルな価値理解（自覚化）を引き出す授業を創っていく必要があります。次に、多様な視点から多様な仕かけで子どもたちが相互に共有できる望ましさとしての価値理解（共通解）を図っていく必要があります。そして最後に、共通解として共有し合った道徳的価値に対する望ましさに照らし、自分はそれをどう理解してどう受け止めるのかという個としての自己省察にもとづく感得（納得解）を最終的に促すことが不可欠です。

図3　課題探求型道徳科授業における学習プロセス

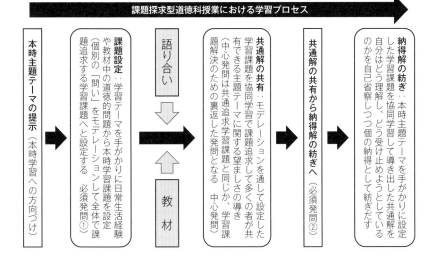

課題探求型道徳科授業における学習プロセス

本時主題テーマの提示（本時学習への方向づけ）

課題設定：学習テーマを手がかりに日常生活経験や教材中の道徳的問題から本時学習課題を設定する個別の「問い」をモデレーションして全体で課題追求する学習課題へと設定する　必須発問①

語り合い

教材

共通解の共有：モデレーションを通して設定した学習課題を協同学習で課題追求して多くの者が共有できる主題テーマに関する望ましさの導き（中心発問は共通追求学習課題と同じか、学習課題解決のための裏返した発問となる　中心発問）

共通解の共有から納得解の紡ぎへ（必須発問②）

納得解の紡ぎ：本時主題テーマを手がかりに設定した学習課題を協同学習して導き出した共通解を自分はどう理解し、どう受け止めようとしているのかを自己省察しつつ個の納得として紡ぎだす

　図3のように課題探求型道徳科授業の学習プロセスは、本時学習への方向づけとして「主題テーマの提示」から始まります。

　その理由は、教師があらかじめ設定した主題のねらい達成にたどり着くための「学習課題としての問い」しか選択肢として用意されていなければ、子どもたちが「考え、議論する道徳」を実現することはできないからです。教師が自らの指導過程に固執する限り、子どもたちは他律的な学習者という立場から解き放たれることにはならないのです。ならば、教科学習における単元・題材学習のように「今日は友情について考えていきましょう」と本時の学習テーマを明示し、その考えを深めるための個々の学習課題意識を喚起し、それを整理して協同思考するための共通学習課題（学習のめあて）をきちんと設定する課題解決型学習スタイルにしていけばよいのです。主題によっては多少異なる時間を費やすかもしれませんが、子どもを学びの主体者と位置づけた道徳科学習にできることに疑いの余地はありません。

　個別の課題意識を共通学習課題へと整理し、考えるための論点（つまり「問い」）を明確化する手続きをモデレーション（moderation）といいます。このモデレーションなくして、子どもたちの共通の「問い」は生まれません。

6 「課題探求型道徳科授業」で子どもの価値観創造をどう促すか

　本書で提唱している課題探求型道徳科授業のゴールとなるのは、「主体的・対話的で深い学び」に総称される「子どもの主体的な道徳学習」、つまり「考え、議論する道徳科授業」の実現です。しかし、授業構想段階で方略的な手続きを踏まない限り、日常的に行うことはできません。図3は子どもたちの情意的な側面と行動的な側面を一体化することで、認知的かつ論理的な道徳思考を可能にしていくことを目指しています。ただ、道徳科授業の時間は小学校45分、中学校50分しかありませんので、本書では子どもたちが全身全霊を打ち込めるような「探究」ではなく、論理的思考プロセスを経ることでたどり着けるレベルの「探求」を標榜しています。

　では、そこに至るプロセスをどう整えればよいのでしょうか。

　まずは論理的な道徳思考の道筋をたどる生き方学習としての「課題探求型道徳科授業」をイメージして授業構想していくことが肝要です。そのためには、小・中学校学習指導要領第3章「特別の教科　道徳」第1「目標」に示された内容にもとづく「道徳的諸価値についての理解を基に（論理的な価値概念理解）」⇒「自己を見つめ、物事を広い視野から多面的・多角的に考え（事実にもとづく理由づけのための道徳的思考・判断）」⇒「自己（人間として）の生き方についての考えを深める（自己理解にもとづく自らの道徳的価値観の表明）」という根拠にもとづく必要があります。

　必然性のないところに、決して子どもの道徳学習課題追求は開始されません。だからこそ、子ども自身の道徳的問題に対する「問い」がなければならないのです。

　すなわち、授業冒頭の導入で子どもたちが迷わないように「本時主題テーマ」を明示すべきです。算数科で「今日は分数の足し算をします」と明示することと同じです。そうでないと教師は「思いやり」をイメージして語っているのに、子どもたちは「友情」でとらえていたり、「公正さ」でとらえてしまっていたりする子がいるといった無用な混乱が生ずるからです。本時で目指すべきゴールを設定し、共有することは教師の役割です。言を俟ちませ

んが、主題テーマを出させるのが本時のねらいであるという授業理解ではいけないのです。

7　「問い」をどう共有して「共通解」「納得解」へと発展させるのか

①「問い」を共有するとは何か

　子どもたちが道徳科授業で個々にもつ「問い」は、実に多様です。たとえば、小学校低学年教材『はしのうえのおおかみ』を用いて共通の道徳的追体験させても、「意地悪するおおかみは悪い」「おおかみが楽しくなって意地悪する気持ちもわかる」「どうしてくまには意地悪しなかったの？」「くまに道を譲ったおおかみは格好悪い」等々、それこそ十人十色です。それをモデレーションで各々の考え方を調整し、整理し、互いに合意させて「問い」にまとめ上げることは時間もかかり、むずかしいことです。ならば、子どもたちの日常生活場面での友達関係についての経験を話し合って、「親切にされるとうれしいのに、それがわかっていてどうして親切にできないのかな？」と個々の経験を整理して共通学習課題を設定し、「今日のめあてを解決するために『はしのうえのおおかみ』というお話を使って考えてみましょう」と設定する方法もあるでしょう。**《生活経験⇒共通課題設定⇒教材で解決》**

　また、中学生ぐらいになってくると、自分の日常生活経験等を披瀝（ひれき）したがらなくなってきます。ならば、「今日はよく生きること、よりよく生きる喜びをテーマに『銀色のシャープペンシル』という教材を通して考えてみたいと思います」と、テーマ提示後にすぐ教材へ入ります。長文の教材を扱う際は事前に宿題で読ませ、一口感想等を提出させておくと、それをもとに教師が教材内容を整理して理解を促すこともできるので効果的です。主題テーマを明示して教材で共通の道徳的追体験をすると、「拾ったのに自分で買ったと言う『僕』の言葉はずるい」「ただ卓也のロッカーに戻せばいいという問題ではない」「なぜ『ずるいぞ』という心の声が聞こえてきたのだろうか」と主題テーマに即した生徒の反応が出てきます。それらをモデレーションして、「『僕』を卓也の家に向かわせたものは何だったのか」という共通学習課題設定をしていく手立ても可能です。**《教材提示⇒共通課題設定⇒教材で解**

決》

　異なる反応を整理し、調整して合意形成によってまとめていくモデレーションの手続きをしていくことが「問い」を共有化するポイントです。

②「共通解を導く」とは何を意味しているのか

　モデレーションによって共通学習課題を設定したら、その解決に向けて機能するのは「道徳教材」です。道徳教材は個々のこだわりとしての共通学習課題を検討・吟味していくための道徳的思考・判断を促進する共通の土俵となる道徳的追体験として作用します。

　この個々の「問い」から共通学習課題へと高められた「必然的学びの問い」を解決するために協力し合って学習を深めていく「協同学習」を成立させるためにも道徳的追体験としての教材は不可欠です。これがあるからこそ、子どもたちは自らの道徳的価値観に照らして受け止めた道徳的なものの見方、感じ方、考え方をパフォーマンスとして表現させることができます。つまり、道徳教材は子どもの内面に隠された本来の自分を引き出し、自分とは異なる価値観に触れるという「語り合い」を実現させる役割を果たすのです。

　そこで目指すのは、より多くの人たちが納得して受け入れることができる「共有できる望ましさ」への導きです。なぜ大切なのでしょうか。それは、頭でわかっている「友情の大切さ」、これを小学校３年生の自分はどう理解して価値づけしていくのか、中学校２年生の自分はどう理解して納得しながら価値づけしていくのか、この道徳学びの本質となる部分が欠落していたら、多面的・多角的な視点から自分ごとという自己フィルターを通して道徳的価値を理解したことにはならないからです。

　考えてみてください。「人には優しくすること」「友達は大切であること」「命はたった一つしかないかけがえのないものであること」等々、子どもたちは小学校入学前から周囲に言われて知っています。それをなぞるだけの価値理解を進めるのが道徳科授業ではありません。それぞれの発達の段階に即して協同思考学習を通してきちんと自分なりに意味づけていくこと、ここに道徳科授業による道徳的諸価値の理解を促進する意味があるわけです。

ここで言う「共通解を導く」という意味は、道徳教材という共通の道徳的追体験を経ながら、互いの価値観を語り合って多面的・多角的な視点から吟味・検討し、「共有できる望ましさ」を確認し合うことです。

③「納得解を紡ぐ」とは何を意味しているのか

　道徳科授業で目指すのは、（子ども一人一人が同様に生きている）他者と共によりよく生きていく上で求められる資質・能力としての道徳性を個の内面に培っていくことです。よって、体系化された知識・技能・態度を身につけさせることを主に意図する内容的目標設定の他教科とは異なり、人間としての在り方や生き方そのものを問う、言わばゴールのない方向的目標設定となっているために「特別の教科」というただし書きがつくのです。

　そのようなことから、道徳科での道徳学びの本質は個としての在り方や生き方を問うことが主眼となることを理解いただけると思います。ならば、そこでの学びとしての道徳学習のスタートは個別な道徳課題である必要があります。ただし、個別な学びでは道徳的価値に対する多面的・多角的な吟味・検討ができません。

　そこで、共通学習課題を設定し、同じ目的を共有しつつ共に学び合う協同学習を通して、共通解という共に学んでいる多くの人が望ましいと合意形成できる道徳的価値理解を導き出すことが必要です。そして、それに照らして自己内対話によって個としての道徳課題についての見解はどうなのか、協同学習で導き出した共通解をどう自分は理解し、どう自分の中に取り込もうとしているのか、そもそも自分は道徳的日常生活を振り返ってみんなで導き出した共通解に納得しているのか等々を問い直す個人作業がとても重要になってきます。

　この自己内対話による自己省察を通しての自己評価や価値自覚内容の確認をする段階こそ、「納得解」を紡ぐ段階です。この納得解の紡ぎは限られた道徳科の授業時間内に位置づけても数分程度のことです。ですが、これこそが道徳科における「主体的・対話的で深い学び」の最も意図する本時指導で目指すべきゴールとなります。

この納得解に至るために個の課題をモデレーションで共通学習課題へと集約し、教材と語り合いによる協同学習を経て、主題に対する道徳的価値理解としての合意形成を図る共通解が導かれます。この段階で、ようやく道徳学習プロセスを経たことになり、個としての自己省察や価値自覚をあらためて問う場、「納得解を紡ぐ」ことが可能となってくるのです。

8 課題探求型道徳科授業を展開するための教材はどうあるべきか

小・中学校学習指導要領第3章「特別の教科　道徳」第3の3⑵で、道徳科教材選びの観点や具備すべき要件、留意事項等が述べられています。箇条書きにすると以下のとおりです。

①児童生徒の発達の段階に即し、主題のねらい達成に相応しい教材。
②人間尊重の精神にかなうもので、悩みや葛藤等の心の揺れ、人間関係理解等の課題も含め、児童生徒が深く考えながらよりよく生きる喜びや勇気を与えられる教材。
③多様な見方や考え方のできる事柄を扱う際に特定の見方や考え方に偏った取扱いをされるようなことのない教材。

いずれの教材具備要件も、子どもたちに提示するという前提を考えれば極めて妥当な事柄です。ましてや、道徳科で用いる主たる教材（学校教育法第34条、同49条）は文部科学大臣の検定済み教科書となりますので、当然それらの教材を念頭に道徳科年間指導計画を作成していくことが求められます。つまり、課題探求型道徳科授業だから特別な教材が求められるといったことは全くないのです。むしろ、ここまで繰り返し述べたように、子どもに「問い」をもたせることができないような道徳科教材が検定教科書の中に混じっているとしたら、それこそ問題であるということです。

ただ、学習指導要領解説「特別の教科　道徳編」でも述べられているように、子どもの発達の段階や特性、実態等を考慮しつつ、多様な教材を通して日常的な道徳的問題に気づかせたり、先人や身の回りにいる人の生き方について人間としての弱さ、醜さも含めつつ、その強さやたくましさ、優しさや

生きるすばらしさ等々を考えさせたりできるような配列にしていきたいものです。

その際、これからの時代を生きる子どもたちが避けて通れない現代的な課題と偏りなく本質的な部分にまで向き合えるよう、従前の１主題１単位時間指導という固定概念を打ち破り、複数価値、複数時間指導による小単元形式のパッケージ型ユニットを積極的に取り入れてほしいと願うのです。

9　課題探求型道徳科授業における「発問」の役割とは何か

道徳科授業で禁じ手というものがあるとすれば、それは発問のみで子どもを誘導する授業です。あらかじめ教師が設定した主題のねらいを達成するために矢継ぎ早に発問を繰り出し、子どもの思考を教師の意図する範疇からはみ出させないという指導方法は、子どもの自発性や主体性をすべて排除するもので、「主体的・対話的で深い学び」を目指す道徳科授業、「考え、議論する」道徳科授業とは真逆のものです。

ならば、課題探求型道徳科授業で教師は一切発問をしないのでしょうか。決してそんなことはありません。発問とは、教師と子どもとを取り結ぶ「基本的コミュニケーション・ツール」です。それをすべて排除したら、到底授業は成立し得ないことになります。ただ、子どもの道徳学びを妨害する余分な発問、子どもの自発性や主体性を奪う発問はすべて捨て去るべきです。

課題探求型道徳科授業では、「必須発問①」「中心発問」「必須発問②」の３発問を軸に展開していきます。それ以外は指示発問、補助発問、切り返し発問等でカバーすることとなります（図３を参照ください）。

《必須発問①》

課題探求型道徳科授業では子ども一人一人に「個としての問い」をもたせることから開始されます。そして、それをモデレーションで整理・調整して合意形成しながら共通解に導くための協同学習を展開するための「共通学習課題づくりへの問いかけとなる必須発問①」は不可欠な要件です。

《中心発問＝共通学習課題（学習のめあて）》

共通学習課題とは、１時間の授業を一貫性ある学びとして展開する際の背

骨にあたるものです。共通学習課題を設定するということは、すなわち本時での「中心発問」を共有し、追求することそのものです。問いかけの仕方はそのままであったり、裏返して問うことで課題に迫ったりすることも有効でしょう。

《必須発問②》

　課題探求型道徳科授業での学びが、共通解の導きまでで終わっては個の価値観形成に至りません。納得解の紡ぎを促す発問こそ必須発問②です。

10　課題探求型道徳科授業での「評価」の考え方

① 道徳科授業における「評価」をどう理解するのか

　道徳科となったことで、道徳科教科書の導入と相まって求められるようになったのが道徳科学習評価です。小・中学校学習指導要領には、「児童（生徒）の学習状況や道徳性に係る成長の様子を継続的に把握し、指導に生かすよう努める必要がある。ただし、数値などによる評価は行わないものとする」と述べられています。他教科等での学習到達度評価との混同を避けるため、解説等では「視点」と表現されています。「視点」は、評価する際の見方です。「観点」は、評価の際にあらかじめ固定した立ち位置です。

　ここには、いくつかのポイントがあります。まず留意しなければならないのは、他教科のように全員の学習でのゴールがあらかじめ設定されている目標到達度評価のような発想で個をランクづけしたり、ラベリングしたりして道徳学びを分類しないことです。こんなことは、子ども自身のよりよい生き方を志向するための人格形成に資する内面的な資質・能力の涵養を意図する道徳科での評価としては何の意味ももちません。むしろ、弊害です。

図4　道徳科における評価の観点と視点

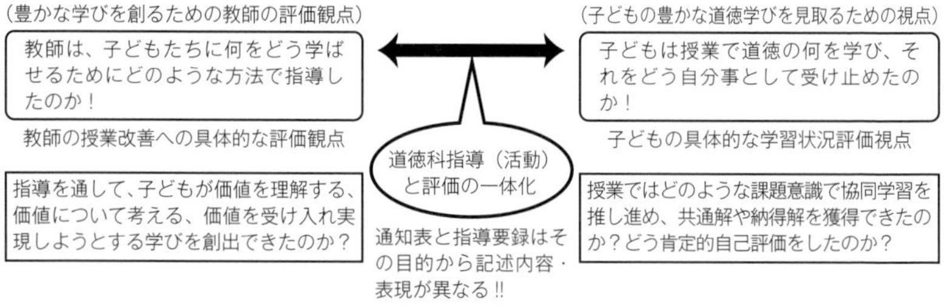

（豊かな学びを創るための教師の評価観点）

| 教師は、子どもたちに何をどう学ばせるためにどのような方法で指導したのか！ |

教師の授業改善への具体的な評価観点

| 指導を通して、子どもが価値を理解する、価値について考える、価値を受け入れ実現しようとする学びを創出できたのか？ |

通知表と指導要録はその目的から記述内容・表現が異なる!!

道徳科指導（活動）と評価の一体化

（子どもの豊かな道徳学びを見取るための視点）

| 子どもは授業で道徳の何を学び、それをどう自分事として受け止めたのか！ |

子どもの具体的な学習状況評価視点

| 授業ではどのような課題意識で協同学習を推し進め、共通解や納得解を獲得できたのか？どう肯定的自己評価をしたのか？ |

道徳科での学習評価では、その授業を実施したことでどのような学びを提供できたのかという授業評価観点をもちつつ、その授業で子どもがどのような学びをして自己成長できたかと見取る「評価の視点」をもつことが必要です。この複眼的な教師の評価観点と子どもの学習状況評価視点が相互往還的に機能したときこそ、道徳科の「指導と評価の一体化」が実現します。

② 道徳科での学習評価の「ものさし（評価指標）」をどう考えるか

　道徳科での学習評価を的確に進めていくためには、授業を構想する教師側での「評価観点」が不可欠です。つまり、道徳的諸価値に対する理解や思考力・判断力・表現力、主体的な道徳学習を基底で支える意欲や態度等の学び方といった道徳的資質・能力を背景にした道徳性形成を促進する手立てをどう講じ、それによってどう子どもの学びを実現できたのかを見取る授業に即した具体的かつ焦点化した「評価観点」としての「評価指標（ルーブリック）」をもたないと漫然としたものになってしまうのです。

　道徳科授業に沿って述べれば、Ⅰ段階：子どもが道徳的価値を受け止めて理解する⇒Ⅱ段階：理解した価値について自分ごととして考え深める⇒Ⅲ段階：考え深めた道徳的価値を自分ごとに照らして受け入れる、といった学習思考プロセスを経ることとなります。

　授業で取り上げる道徳的価値について思考し、深化し、自覚化するという一連のプロセスをぶれずに首尾一貫して展開していくためには、どうしても「子ども自身の問い」が必要です。それは、子どもがその授業での自らの道徳学びの是非を自己評価する「評価指標」ともなります。ならば、子どもが自らの道徳学びを価値づけるルーブリック評価としての評価文脈「規準（具体的な学びの様相記述）」と評価尺度「基準（具体的な達成判断指標）」をあらかじめもっていないと実現できないことになります。だからこそ、「授業の導入部分で子ども一人一人が自らの問いをもち、モデレーションし合うことで共通学習課題を設定する」という作業過程は、子どもがその子なりの学習評価「規準」と「基準」を構築する重要な手続きでもあるわけです。それを見取るために教師は「評価視点」を明確にし、学びの深まりや道徳的成長を

推し量っていくことが大切なのです。つまり、子どもは自己評価者であると同時に被評価者なのです。

　自らを価値づける「評価ものさし」をもつことは、日常的によく散見される事実です。「こうしたいと思って取り組んだけど、まあまあの及第点だった。点数で言えば…」とか「ここまでやりたいと思って始めたけど、やってみたら100点満点だった」というような自己評価イメージです。

③ 子どもの道徳学びを見取っていくことの意味とは何か

　子どもたちが道徳学習をすることでどのような自己成長を遂げたのか、それを見取って把握しながら次の授業に生かしていくのかといった考え方は、従前の「道徳の時間」においても、学習指導要領に明記されていました。つまり、授業をすればその結果としての「子どもの学びの見取りをする」というのは当然の学習評価活動であるのです。要は、それをどう認め励まし、次の学習へ発展させるのかという一点こそが、第一義に問われるのです。

　子ども一人一人の道徳的成長を見届けるには、その学びの必然として「問い」が不可欠です。そして、さらには「協同学習」という学び活動の視点から見取っていく必要があります。なぜなら道徳学びにも①「知識・技能の習得」、②「思考力・判断力・表現力等の育成」、③「学びに向かう力・人間性等の涵養」という学力の3要素に関わる子どもの学習評価視点が必要だからです。

　たとえば、「知識・理解」はワークシートやノート等の成果物で見取れますが、「思考力・判断力・表現力」や「学び方や学ぶ意欲」はパフォーマンス課題にもとづく活動の姿なしには見取りようがありません。だからこそ、発問のみで教師が引っ張る他律的な授業から、子どもの自律的な問いで展開する道徳科授業への学習構造転換が必要なのです。

図5　継続的評価に着目する道徳科カリキュラム・マネジメント

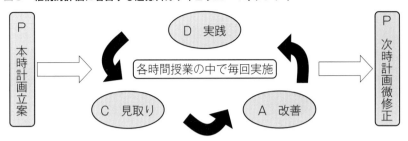

　課題探求型道徳科授業を単元型ユニットで構成すると、子どもたちの継続的な学習評価状況に応じた柔軟で弾力性に富むカリキュラム・マネジメントにもとづく道徳学習が可能となってきます。子どもの「問い」を大切にした道徳学習を構想すると、次項で提案するパッケージ型ユニットになります。

パッケージ型ユニットはなぜ
道徳科授業を活性化するのか？

1 なぜ「パッケージ型ユニット」による道徳科授業がよいのか

　従前の「道徳の時間」では、1主題1単位時間での指導が圧倒的に多く見られました。その理由は、「年間35時間しかないから複数時間の指導計画を組めない」「内容項目のすべてを扱うには35時間で手一杯だ」「複数時間で指導すると次時に前時のことを忘れてしまう」といったプロ教師らしからぬ事由がほとんどでした。果たしてそうなのか、順次考えていきましょう。

① 子どもたちの道徳的日常生活は複合的価値で成り立っている

　子どもたちの道徳的日常生活は、さまざまな道徳的価値が複雑に絡み合い、いずれを選択したらよいのかといった価値判断の連続で成り立っています。その現実を踏まえない指導は、「画竜点睛を欠く」とか「畳の上の水練」といった肝心なことを欠いたものになってしまいます。そんな子どもたちの道徳的日常生活とは無関係に、ただ学習指導要領の「内容」として示されている内容項目について季節感や学校行事等との関連等といった実施時期については多少配慮するものの、それ以外は原則的に順次指導していくといった年間指導計画では、子どもたちに「生きて働く道徳実践力」を培っていくことなど不可能です。

　特に、今日的な要請として「現代的な課題」への対応が道徳科では強く求められます。たとえば、情報モラル、生命や人権、環境、貧困、平和、開発等々、グローバルな現代的課題があります。さらには、食育、健康教育、消費者教育、防災教育、福祉教育、法教育、社会参画教育、伝統文化教育、国際理解教育、キャリア教育等々、生活と地続きの身近な現代的課題もあります。いずれも軽視できない内容ですが、それらは紋切り型に配列された内容項目に沿っての指導を順次取り扱えば対応したことになるのでしょうか。答えは明白です。「機に因りて法を説く」ということわざもあります。誰のための、何のための道

徳科授業なのかと考えれば、内容項目配列の取り扱いも当然変わります。

② 内容項目の関連化をどう効果的に実現するか

　小・中学校学習指導要領第３章「特別の教科　道徳」第３「指導計画の作成と内容の取扱い」の１には、「第２に示す各学年段階の内容項目について、相当する各学年において全て取り上げることとする」と明記されています。つまり、各学年での指導において必ずすべての内容項目に触れることが重要なのです。子どもたちの道徳的日常生活が複合価値によって成り立っている以上、それは当然のことでもあります。ですが、それらの内容項目を単独かつ並列的に取り上げるようにといった記述は見られません。むしろ、「学校の実態に応じ、２学年間を見通した重点的な指導や内容項目間の関連を密にした指導、一つの内容項目を複数の時間で扱う指導を取り入れるなどの工夫を行うこと」を求めています。

　上記のことを考慮するなら、年間 35 時間を１主題１単位時間で計画して指導するよりも、内容項目全体を俯瞰しつつ１年間 35 時間を大単元として計画し、その到達目標を達成するためにより具体的な到達目標を学期毎に設定した中単元を配置します。そして、さらにその中単元目標達成をより具体化する各月毎に幾つかの現代的な課題をクラスターとして配したユニット（小単元）を軸として、年間指導計画を入れ子構造で構想します。すると、図６のような子どもの道徳的日常生活に即したカリキュラム・プランとなるのです。

③ パッケージ型ユニットはなぜ学びのストーリーを紡ぐのか

　「パッケージ型ユニット？」と聞いただけで食わず嫌いになってしまう教師も少なくありませんので、ここで定義をしておきたいと思います。

　パッケージ型ユニットとは、テーマ性によって関連づけられた複数価値を複数時間で小単元として構成し、子どもの「問い」で一貫した道徳学びのストーリーを意図的に紡ぐ道徳科教育学的な視点での授業方法理論です。

　テーマ性によって関連づけられた複数価値というと、学習指導要領の内容

図6　子どもの生活に寄り添う道徳科カリキュラム・マネジメント

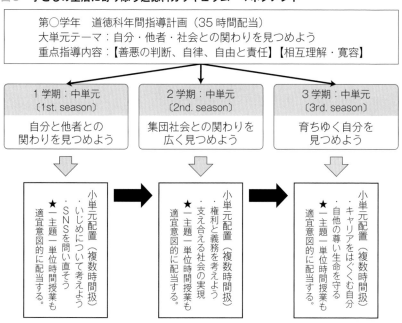

項目を逸脱して取り扱うのかと誤解されるのですが、そうではありません。

　考えてみてください。中学校学習指導要領に示された内容項目（22項目）は、バラバラに配置されているでしょうか。決してそうではありません。解説「特別の教科　道徳編」でも述べられているように、道徳教育の目標を達成するために「自分自身」「人との関わり」「集団や社会との関わり」「生命や自然、崇高なものとの関わり」という4視点、つまりテーマにもとづいて内容構成されています。

　便宜的に各内容項目に区分されていますが、道徳性という不可分一体な特性を考慮するなら道徳的課題に対してコア（核）となる内容項目は強調されるにしても、それと深く関わる内容項目も必ず存在します。道徳的価値というのはさまざまな価値が相互に関連し合って複合的な形で子どもたちの道徳的日常生活に横たわっています。ですから、「いのち」「いじめ」「情報モラル」等々の現代的な課題と称される道徳的問題を取り上げる場合も、「生命の尊

さ」「友情、信頼」といった紋切り型の断片的指導では不十分なのです。

　たとえば、「いじめ」という現代的な課題を道徳科で取り上げようとする場合、1主題1単位時間で内容項目を「公正、公平」「友情、信頼」「生命の尊さ」と単独で取り上げるより、「いじめについて考えよう」という一貫した問題意識にもとづくテーマのもと、各々の内容項目を関連づけて指導する方が、子どもたちの道徳的課題探求が深まることは想像に難くないと思います。つまり、子どもたちの道徳的問題に対する「問い」からスタートする課題探求型道徳科授業を目指してパッケージ型ユニットを構成すると、子どもの「問い」を基底にした道徳学習ストーリーが生まれてくるのです。

2 パッケージ型ユニットでの学習ストーリーをどう考えるか

① どうすればテーマに即したパッケージ型ユニットにできるのか

　ここまで、「考え、議論する道徳」を実現する方法論として学習の主体者である子どもの「問い」にもとづいて学習展開する課題探求型道徳科授業方法理論について述べてきました。そして、その課題探求型道徳科授業は子どもたちの道徳的日常生活に足場を置いて授業構想するのであれば、1主題1単位時間として単独に実施する形態よりも、現代的な課題や学校としての重点的道徳指導内容等を考慮した一定の道徳的テーマ性をもたせた複数価値、複数時間指導を意図したパッケージ型ユニットの方がより子ども一人一人の課題探求型道徳学習を支援し、展開できることを述べてきました。

　では、それをどうやって実現していくか、また、ユニットにすると授業と授業との間隔が空くことをどう考えるのかについて以下に述べていきたいと思います。

　図7に示したパッケージ型ユニット構成の基本的な考え方は、「Ⅰ：重層型ユニットタイプ」、「Ⅱ：連結型ユニットタイプ」、「Ⅲ：複合型ユニットタイプ」の3パターンです。もちろん、これ以外にも各タイプのユニットをアレンジしてパッケージを構成することは可能です。ただ、パッケージを構成する枝葉の部分を取り除いていくと、おおよそはこの3ユニットタイプに集約されると考えます。事実、全国各地で実際の指導プログラムにさまざ

図7　パッケージ型ユニット構成の基本的な考え方

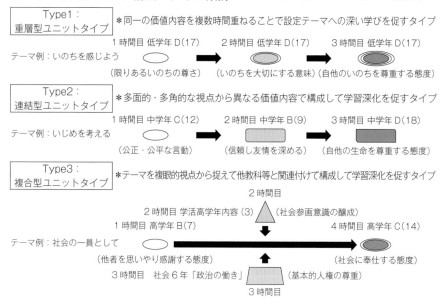

ま接してきましたが、この３パターン以外は見られませんでした。

　ここまでパッケージ型ユニット構成の類型化された３タイプについて図で示してイメージ化してきましたが、いずれのユニットタイプにあっても共通し、なおかつ疑念が払拭されていない問題が残されています。その問題を解決してから、各ユニットタイプについて説明していきます。

　その問題とは、年間総授業時数が35時間しかない道徳科授業では、各時間の間隔が空いてしまうことです。前時との間隔が空いてしまうと、前時の学習内容を忘れてしまったり、「問い」からせっかくモデレーションで導き出したテーマに対する共通課題意識が途切れてしまったりするのではないかという疑念です。しかし、それは既存の心理学的知見でクリアされます。ツァイガルニク効果（*Zeigarnik effect*）という心理学的知見です。教師であれば、日常体験的にすぐ思い当たる事柄です。

　旧ソビエト連邦の心理学者ブルーマ・ツァイガルニク（1901 〜 1988 年）

が明らかにした知見とは、人は目標が達成されない行為に関する未完了課題についての記憶は、完了課題についての記憶に比べてはるかに継続され、想起されやすいという事実です。確かに、これまでさまざま取り組んでくださった実践家の方々から、授業と授業との間隔が空きすぎて一貫した学習にならなかったという苦言や失敗事例等の報告は一度も受けたことがありません。

　パッケージ型ユニットによる道徳科授業づくりの明暗を分けるのは、学習に臨む子ども一人一人のユニット設定テーマに関わる「問い」が明確化されているか否かの問題です。やはりそこには、「？」「なぜそうするのか」「本当はどうなのだろう」等々といった子ども個々の「問い」が不可欠なのです。

②「重層型ユニットタイプ」とはどのようなパッケージなのか

　この「重層型ユニットタイプ」の特徴は、テーマとして取り上げる特定の道徳的価値を複数時間かけて積み重ねて多様な視点から吟味・検討することで、テーマに対する深い学びを促すところにあります。

　たとえば、「生命の尊さ」と一口に言っても、その価値理解の視点は多面的・多角的な視点が必要です。生命のもつ有限性、自他生命の固有性や可能性、創造・継承されていく生命の連続性等々の事柄を、1単位時間で個別に学習するよりもテーマ性をもたせながら複数時間で重層的に学習していった方がより広い視野から、より深い視点で学ぶことが可能となります。

③「連結型ユニットタイプ」とはどのようなパッケージなのか

　「連結型ユニットタイプ」は設定テーマについて単一価値ではなく、複数価値の視点から多面的・多角的に検討し、テーマそのものに対する深い理解を促すことを意図したパッケージです。

　たとえば、「いじめ」といった現代的な課題を単一価値のみで取り上げて課題追求しても、子どもたちの内面深くに響かせ感得させることは至難の業です。それは、「いじめ」という現代的な課題には多様な価値が介在しているからです。ですから、1時間目に「公正公平さ、社会正義」を取り上げたら、2時間目は「友情と信頼」という異なる視点から考え、3時間目ではテー

マに横たわっているすべての道徳的問題の前提となる「生命の尊さ」という視点から再度「いじめ」を広く俯瞰して意味づけるといった1テーマ複数価値追求型ユニットにすることで学習深化を目指していきます。

　道徳科授業で取り上げなければならない現代的な課題は、多様な価値内容を内包していることがほとんどです。ですから、1単位時間で課題解決を目指そうとしても限られた授業時間の中では、どうしても一面的な理解に終始してしまいます。だからこそ、複数の価値内容を連結することでテーマが内包する課題を調和的に精査・検討していくことが可能となります。つまり、多面的・多角的な視点から道徳的諸価値の理解を可能にするということです。

④「複合型ユニットタイプ」とはどのようなパッケージなのか

　子どもたちの道徳的日常生活は、さまざまな価値内容が複合的に交錯し合う状況下で展開されています。ですから、多様な価値内容を含んだテーマを課題追求するような場合は、「重層型ユニットタイプ」や「連結型ユニットタイプ」のように道徳科授業内で完結するようなユニットの組み方のみではなく、他教科等（特別活動、総合等も含む）での教育活動と関連づけてクロスカリキュラムを構成し、複眼的な視点からパッケージを展開することの方がより充実した学びとなります。このような他の教育活動と関連づけて課題解決を目指すパッケージスタイルこそ、「複合型ユニットタイプ」です。

　この「複合型ユニット」を展開する場合、留意すべき事柄もあります。それは、他教科等と関連づけて同時進行的に学習を展開する場合、それぞれに各教科等の固有の目標があり、それらを達成しつつ、なおかつパッケージテーマに則った道徳学習課題追求も同時進行的に展開させるといった、極めて広い視野から複合的な学習を展開することで相乗効果を期待するパッケージになるということです。そうでないと、他教科等からの授業時間数融通というご都合主義に陥ってしまいます。つまり、このユニットタイプで展開する場合は、各教科等での目標達成に向けた学習目的方向性とテーマに関わる道徳的課題解決の方向性の双方を、バランスよく教師がコントロールしていく必要があるということです。それは、かなり高度なことでもあります。

⑤ 年間指導計画にどうパッケージ型ユニットを位置づけるのか

　先の図6でも示しましたが、道徳科授業は毎週単独で実施しているわけではありません。該当する学年の子どもたちが年間35時間の道徳科授業を通してどのような道徳的資質・能力を身につけ、どのように変容することを目指すのかという明確な大単元目標の設定が必要です。これは学期毎に設定する中単元でも、各月毎の小単元配置であっても同様です。

　要は変容を期待する具体的な子どもの姿を常にイメージし、その達成に向けて一貫性あるユニットを年間指導計画に位置づけることが重要なのです。

⑥ パッケージ型ユニットの具体的な構想をどう進めるか

A　重層型ユニットタイプの例：小学校第1学年での例

《パッケージ型ユニットによる授業計画》

(1) ユニット名：「思いやりをもって」（道徳科全3時間扱い）

(2) ユニットのねらい：身近にいる人に温かい心で接し、親切にする意欲と態度を育てる。

(3) ユニット計画：＊3／3時間目は、学年道徳

教科等	主題名／教材名	視点・内容項目	本時のねらい
道徳科	優しい気持ちで／「くりのみ」（文科省）	B（6）親切、思いやり	困っている人に対して親切に、思いやりをもって接しようとする心情を育てる。
道徳科	相手に親切に／「はしのうえのおおかみ」（文科省）	B（6）親切、思いやり	人に親切にされたら自分も誰かに親切にしようとする判断力と心情を育てる。
道徳科（学年道徳）	相手を思いやって／「どうしたらいいかな」（光村旧副読本）	B（6）親切、思いやり	みんなのためになる親切を自分で見つけ、進んで実行しようとする意欲と態度を育てる。

　このような重層型ユニットタイプは、当該学年における年間道徳指導重点目標や学期道徳指導重点目標等の具現化を意図して位置づけられることが多く見受けられます。しかし、同一の内容項目をただ繰り返し指導すれば子ど

もたちの価値理解や価値自覚が促進されるといった単純な発想だけでは深い学びが生まれないことに留意すべきです。

　学習指導要領に示された内容項目を小学校低学年から中学校まで系統的・発展的に俯瞰すると、ただ文言として示された内容項目の中に価値理解・価値自覚を深めるための多様な要素が見えてきます。それらを意識し、内容項目に含まれる価値構造の分析を進めながら多面的・多角的な学びを実現できるよう工夫された重層型ユニットを組んでほしいと考えます。

B　連結型ユニットタイプの例：小学校第5学年での例

《パッケージ型ユニットによる授業計画》

(1) ユニット名：「よりよい集団生活を送ろう」（道徳科全3時間扱い）

(2) ユニットのねらい：一人一人の考えの違いを理解し、互いに認め合いながら協力し、責任をもって自分の役割を果たそうとする実践意欲と態度を育てる。

(3) ユニット計画：

教科等	主題名／教材名	視点・内容項目	本時のねらい
道徳科	一人一人の命のすばらしさ／「同じでちがう」（光村図書）	D (19) 生命の尊さ	一人の人間として互いに尊重し合い、それぞれの命を大切にしていこうとする判断力と心情を育てる。
道徳科	分かり合うために／「ブランコ乗りとピエロ」（文科省）	B (11) 相互理解、寛容	自分の考えを相手に伝えると共に、謙虚な心で相手の思いや立場を尊重とする判断力と心情を育てる。
道徳科	自分の役割を理解して／「ケンタの役割」（光村旧副読本）	C (16) よりよい学校生活、集団生活の充実	集団における自分の役割と責任を自覚し、どう行動すべきなのかを具体的に判断し、集団生活の充実に努めようとする意欲と態度を育てる。

　この連結型ユニットタイプの特徴は、テーマとなる道徳課題に対して複数価値の視点から複数時間を用いて、多面的・多角的に視野を拡げながらテーマ追求できるようにユニットを構成していくところにあります。

この事例で語れば、自分と同じようによりよく生きようとしている他者と共存する集団社会において、個が尊重されなければならないという前提要件を共有しながら学習は展開されます。各時間で個が尊重されるとはどういうことを意味するのか、個を尊重するためにどのような道徳的態度が必要なのか、個が互いに尊重される集団や社会を実現するために一人一人が何を自覚し、何を実践していかなければならないのかを多様な視点から捉え直し、自己の問題として自覚化していくことを意図しています。

C　複合型ユニットタイプの例：小学校第6学年での例

《パッケージ型ユニットによる授業計画》

(1) ユニット名：「なりたい未来の自分計画」

　　（道徳科1時間＋社会科8時間＋道徳科1時間＋特別活動1時間）

(2) ユニットのねらい：卒業を前に今までの自分を見つめ、社会の一員として将来に向けて希望と夢と志をもって歩んでいこうとする意欲と態度をはぐくむ。

(3) ユニット計画：＊道徳科⇒社会科⇒道徳科⇒特別活動（11時間扱い）

教科等	主題名等／教材名	道徳学習内容	本時のねらい（単元目標等）
道徳科 1時間	かけがえのない命／「この命のかがやきを」（光村旧副読本）	D（19） 生命の尊さ	自他の命がかけがえのないものであることを自覚して生きようとする心情を養う。
社会科 8時間	単元名：わたしたちの暮らしを支える政治（教育出版下巻）	道徳科関連項目 C（14） 勤労、公共の精神	政治の働きについて理解し、よりよい社会を考え、学習したことを社会生活に生かそうとする態度と自覚を養う。
道徳科 1時間	誰にでも開かれた社会へ／「私には夢がある」（光村図書）	C（13） 公正、公平、社会正義	誰もが公正・公平であることの大切さを理解し、進んで社会へ関わろうとする態度を育てる。
特別活動 1時間	題材名：卒業を前に夢や希望を発表しよう（学級活動／内容（3））	道徳科関連項目 C（14） 勤労、公共の精神	卒業を前に自分の成長を振り返り、互いの夢や希望を発表し合うことで進んで社会参画しようとする気持ちをもつ。

この複合型ユニットタイプの特徴は、学習の軸となる道徳課題テーマについて各教科等での学習と内容的に重なる部分のベクトルを揃えて実施することで一つの有意味な学びを構成していくところにあります。

　このような複合型ユニットタイプを年間指導計画に位置づけるためには、学校毎に作成する各教科で行う道徳教育計画「別葉」が重要になります。

⑦ パッケージ型ユニットにおける「問い」とは何を意味するのか

　道徳科における「問い」とは、道徳的問題に対して抱く個別的な性質のものです。その「問い」を解決しようとするところに、本来的な意味での「道徳学び」が開始されます。ですから、仮に40人のクラスで道徳的問題を提示したとすると、そこには40通りの個別的な「問い」が存在することとなります。

　もちろん、その「問い」の中に似通ったもの、視点が異なるもの、場合によっては真逆の疑問が生ずるかもしれません。それらを課題探求しようとしていくところに「道徳学習」が成立するわけですが、当然のように個別の課題追求では思考が堂々巡りして多面的・多角的な思考が実現されません。そこで、道徳科授業の導入ではそれら個別の「問い」を意図的に披瀝し合う場を設け、語らいを通してすり合わせ、調和的に調節し合い、学習集団全体の合意形成プロセスを経ての共通追求道徳課題設定を行います。

　このようなモデレーション手続きを踏むことで追求すべき道徳学習課題が明確となり、互いに共有され、全員が同じ土俵に立ってその課題追求を目指すことを可能にします。特に、パッケージ型ユニットによる道徳学習では、個別な問いをモデレーションして設定した共通学習課題であっても、図7の連結型ユニットタイプ例として示した「いじめについて考えよう」といったパッケージテーマでは、多くの場合においてコア（中核）となる価値内容があったとしても、それに関わる複数価値を含むことが一般的です。ですから、1単位時間では断片的になって包括しきれない「問い」としての道徳テーマを課題追求していくためには、パッケージ型ユニットとしてしっかりと受け止めて学習構成することで、子どもたちの主体的な道徳学びを引き出すこ

とが可能となります。

　ここに、パッケージ型ユニットにすることで子どもの主体的な協同学習を可能にする「問い」のもつ意味があります。「問い」はその段階では個としての疑問やこだわり等に留まるものですが、それを共通追求学習課題へと統合・発展させることで、「本質的な道徳理解」にまで学びを深めます。

⑧「本質的道徳理解」へと深める「問い」とはどのようなものか

　ここまで、「問い」と何気なく述べてきましたが、道徳科において子どもたちが道徳学びを主体的に深化させていく上でどのような役割を果たすのでしょうか。課題探求型道徳科授業を可能にし、それをパッケージ型ユニットとして構成することで、1単位時間での主題設定では細切れになってなかなかたどり着けない「本質的な道徳理解」にまで至らせることができます。この道徳科教育学型授業理論の「肝」ともいうべき本書の中心をなす「問い」の意義や役割について、以下に語っていきたいと思います。

A　「問い」は論理的思考による道徳的価値理解を促す

　従前の「道徳の時間」では、子どもたちがとかく「感動すること」が求められていました。それはとても大切なことではありますが、「情に棹させば流される」だけで終わってしまいます。「有情活理」という言葉がありますが、こんな意味です。どんなに正しいことを主張しても理屈だけで人は説得できないし、どんなに情けが深かったとしてもそれを支え裏づける理屈がなかったら結局は元の木阿弥ということです。道徳科において道徳的問題を論理的に思考していくのは大切なことです。その際に不可欠なのが「問い」です。

B　質の高い道徳的問題解決を可能にする

　「問い」は単なる疑問や質問、こだわりを意味するだけではありません。「問い」を立てることの学習方略上の意味は、以下の3点があります。

　a.　客観的メタ認知洞察力⇒客観的状況把握と具体的な課題解決促進力

b. 対話促進深化力⇒他者対話と自己内対話の往還による学習深化力

c. 他者への眼差し力⇒役割取得能力強化による共感的他者理解促進力

　道徳科で子どもが「問い」を立てることの意味について、もう少し言及してみたいと思います。

　道徳科に限らず、学校教育の場では「問い」が大切にされます。その反面、その「問い」をもつ主体者は誰なのかという点については、問わず語りの曖昧さを吟味することなく、安易に納得してしまっている現実があります。たとえば、「こうすれば、子どもたちはおおよそこう反応してくれるはずだ」「学びを引き出す環境をこんな風に用意したから、子どもの内面にはきっとこんな疑問と追求したい問いが生まれるはずだ」といった論理に偏りすぎているように感じられます。

　その根底には、授業を活性化する「問い」を生むための仕かけは、すべて教師が用意するものであり、「問い」もまた教師が一方的に設定すればよいといった旧態依然の発想があります。これは、子どもは教師がすべて用意した学習環境の中で課題解決への疑問をもって意欲的に活動したり、自分の言葉に置き換えて設定した学習課題によって活発な語り合いができたりしてさえいれば、それこそが「主体的・対話的で深い学び」をしている子どもの姿、道徳的な「問い」をもちながら「考え、議論する道徳」で学ぶ子どもの姿であるといったステレオタイプな固定的学習観です。

　これからの時代を生きる子どもたちに求められるのは、主体的に学ぶことの意味を理解して「問い」をもつこと、道徳的価値の本質を理解する「問い」をもつこと、その道徳的価値の実現に向けた自分ごとの「問い」をもつことであると考えます。

　道徳科における「問い」のある授業とは、子どもたちに委ねられた本当の意味での主体的な学びを可能にするものであり、道徳科授業には、まだまだ伸びしろがあることを総括として述べておきたいと思います。

パッケージ型ユニットを活性化するグループ・モデレーション

1 なぜ「パッケージ型ユニット」でグループ・モデレーションなのか

　ここに至るまで、何度も「モデレーション」という言葉を用いてきました。個別の課題意識を共通学習課題へと整理し、考えるための「問い」を明確化していく一連の手続きを意味します。鈴木秀幸は『スタンダード準拠評価』(図書文化社　2013年)の中で、「異なった評価者の評価結果が、同じ生徒作品や学習に関して、異ならないように調整する働きやそのための手続き」と説明しています。つまり、教育活動における評価結果とそこに至る評価過程の統一を担うのがグループ・モデレーションだと説明しています。換言するなら、共通学習課題(学習のめあて)をきちんと設定し、協同学習による課題解決型学習スタイルを整え可能にすることが役割なのです。

　また、グループ・モデレーションを学習集団における一連の学びプロセスと表裏一体の関係にあるととらえるなら、英国の教育評価研究者 C. ギップスの評価論(*"BEYOND TESTING：Towards a Theory of Educational Assessment："* 1994年)が指摘する「何が達成事項であるか、どうすればそのような達成事項を生み出せるのかなどの評価の過程」について共通理解を図る検討の場こそがグループ・モデレーションの場ということになります。

　それを道徳科授業に当てはめるなら、パッケージ型ユニットにした単元学習を展開するにあたって、意図的に設定したグループ・モデレーションの場を共有することで、子どもが自らの学びの進め方を問い、ユニット終了後に学習成果を自己評価したり、相互評価したりし合うことができる大まかな評価規準と評価尺度となる目安を設定することが大切だと言い換えることができるでしょう。

2 ユニット中でグループ・モデレーションはなぜ入れ子構造なのか

　図8を視覚的にとらえると、入れ子構造になっていることがわかります。

具体的には、ユニットテーマによってパッケージ型ユニットが構想され、そのユニット全体を通して追求すべきテーマ課題設定と、そのユニット中の独立した各時間で追求すべき共通学習課題とに関わる相互補完的な関係性に合理的な整合性をもたせなければ、複数価値、複数時間でユニットを組む必然性を説明できなくなります。つまり、ユニット全体にかかわるテーマ課題設定とユニット中の各時間で設定追求すべき共通学習課題との整合性を担保する役割を担うのが、グループ・モデレーション活動なのです。

図8　パッケージ型ユニットにおけるグループ・モデレーション構造

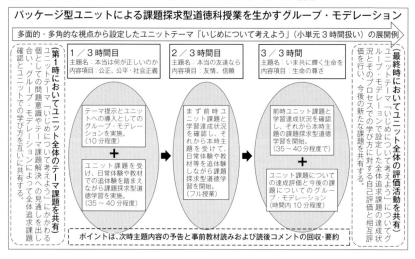

パッケージ型ユニットでは、ユニット全体の学習課題設定とそれを価値づける評価活動による「子ども自身による学習と評価の一体化」を重視します。そのユニットのなかに、それを構成する各授業が納められる構造となります。各授業ではユニット全体のテーマに基づく学習課題を意識しつつ、入れ子構造の一部として本時の学習課題追求と評価活動を独自に展開します。

3　全体を俯瞰しつつ各時授業に有意味性をどうもたせるのか

　2～4時間程度で構成されるパッケージ型ユニットでは、ユニット全体でのテーマ追求とそれに関わる学習評価、部分を構成する各時間設定主題でのテーマとなる学習課題追求と評価活動が同時進行的に展開されます。1単

位時間では達成がむずかしい多様性と拡がりを内包した道徳テーマを、複合的視点から一貫性をもって課題追求する点に、道徳科教育学的視点でのパッケージ型ユニットの特徴があります。以下に、ユニットを活性化するグループ・モデレーション手続きについて述べていきます。

《ユニット導入：ユニットに係る追求課題と自己評価ものさしを設定》

「いじめについて考えよう」という３時間扱いのユニットであれば、第１時の導入で、個々が抱く「いじめ」というテーマについての課題意識を出し合い、整理して、ユニット全体で追求すべき学習課題とユニット最終時に自分たちの学びを自己評価するためのルーブリック（指標、評価ものさし）を設定します。

この学習課題と評価ものさしを掲示しつつ、第１時では「本当は何が正しいのか」という公正公平に関わる課題探求型授業を継続実施します。この導入でのモデレーションは、10 〜 15 分とします。この方法は、子どもたちの道徳的思考を一貫させやすいのですが、教材の事前読み宿題や教材提示の簡略化等の工夫が必要です。

《ユニット展開：２時間目以降はユニット学習課題を意識して課題探求》

掲示しておいたユニット導入で設定した学習課題とルーブリック（指標、評価ものさし）を確認しつつ、第２時の設定主題名「本当の友達なら」の課題探求型授業を展開します。そこでの要諦は、ユニット学習課題のどの部分に迫ろうとしているのかを全体で共有しながら本時の学習課題を設定することです。

《ユニット終末：課題探求型授業展開とユニット全体のモデレーション》

ユニット最終授業の後半 10 分程度で、ユニット導入時に設定したテーマ全体に関わる学習課題について同時に設定しておいたルーブリックにもとづいて自己評価したり、相互評価したりします。これは、最終授業における自己評価活動も含んだグループ・モデレーションとなります。

第2章

実践編

[問い]

「頑張る気持ち」をどう生かして いったらいいんだろう？

■ 実践のねらい

❶人が自立した人間としてよりよく生きていくためには、常に自分自身を高めていこうとする意欲をもつことが大切である。そのために、粘り強く努力する気持ちとともに、何ごともやりぬく忍耐力を養う。

❷働くことや自らの役割を果たそうとすることは、人が人らしく生きていくうえで必要不可欠なことである。多くの人々との関わりをもちながら、集団や社会の一員として役に立つことの喜びを感じ、よりよい自分を築き上げていこうとする心情を高める。

■「問い」と「構成」づくりのポイント

これまでの実践でも、頑張る気持ちのもととなるもの（動機や理由）を見つけることに焦点を当てた実践は数多く見られたが、一方でその気持ちが普段の生活とどう関わっていくか、あるいは、その気持ちを未来の人生にどう生かしていくかまで踏み込んで考えさせる実践は少ないように感じている。

そこで、本ユニットでは、「いま、頑張っていることは？」という問いから出発し、①その頑張る気持ちのもとを探し、②頑張る気持ちはどうつながっていくか考え、③それを各々がどう生かしていくか順を追っ

て考えていきながら、子どもの実生活において生きて働く実践力をはぐくんでいく。1年生にもわかりやすい言葉で問いを一つ一つ共有しながら見通しをもたせることで、考えようとする意欲を喚起していく。また、授業で考えた価値が普段の生活でどのように実現できるかイメージをもたせるために、「道徳小話集」を活用することがポイントである。

3時間のユニットを通して、自分は何のために、何をどう頑張っていくのか、一人一人の納得解を紡ぎ出させたい。

■[ユニット] 授業ストーリー

使用教科書 日本文教出版「しょうがくどうとく　いきるちから　1年」

第1時 頑張る気持ちはどこから生まれてくるのだろう？

> **主　題**「がんばるこころ」　　　　　　　　　　　　A(5)
> **内容項目** 希望と勇気、努力と強い意志　**提示教材**「おふろばそうじ」
>
> 第1時では、「おふろばそうじ」という教材を用いる。主人公の頑張る気持ちのもとは、家族からの励ましや称賛もあるが、それによってやり遂げられたときの喜びや達成感、充実感などがあることをおさえる。次時につながるように、その頑張る気持ちを継続させていくとどうなるか、また、自分はそれをどう生かしていきたいか、見通しをもたせる。

第2時 頑張る気持ちはどうつながっていくのだろう？

課題探求のプロセス

> **主　題**「みんなのきぼう」　　　　　　　　　　　　C(15)
> **内容項目** 伝統と文化の尊重、国や郷土を愛する態度　**提示教材**「はしれ、さんりくてつどう」
>
> 第2時では、2011 年の東日本大震災による津波で流された鉄道が、地元の人々の愛する郷土を復興させたいという思いによって再開されたことを描いた「はしれ、さんりくてつどう」という教材を用いる。前時で生まれた頑張る気持ちは、生きる希望となり、それを応援し、支えてくれる存在がいることによって未来につながっていくということを感じさせる。

第3時 頑張る気持ちをどう生かしていったらいいんだろう？

> **主　題**「そうじとうばんのたのしさ」　　　　　　　C(12)
> **内容項目** 勤労、公共の精神　**提示教材**「120てんのそうじ」
>
> 第3時では、自分たちで進んで教室の掃除に取り組み、それをみんなで楽しんでいる様子が描かれた教材「120 てんのそうじ」を用いる。「120 てんの□□」に自分はどんな言葉を入れるか考えさせることで、いままでに考えてきた頑張る気持ちをどうつなげ、どう生かしていくか、ユニットのまとめとして各個人の納得解を紡げるようにする。

自己の生き方についての考えの深まり

■授業を通じて子どもが考えを深めていくための工夫

子どもの考えを深める教師の技

グループ・モデレーション

道徳ノートに、授業を通して学んだことを毎時間書く。それを次時の最初に教師が紹介したり、左の写真のようにみんなで見せ合ったりしながら、自分の学びを自分で調整していく。

「道徳小話集」の活用

ユニットの導入や終末で小話を紹介することによって、授業と授業に連続性をもたせることができる。また、授業で学んだことを教室内での学びに留めるのではなく、普段の生活に広げていくことが期待される。

（出典：田沼茂紀編『小学校 子どもの心にジーンと響く道徳小話集』2019年、明治図書）

📎 指導のポイント

　納得解を紡ぎ出すためには、他者との対話が何よりも必要である。自分で考えたことをもとに対話することによって、自分の考えのよさに気づいたり、さらに新たな発見につながったりするであろう。道徳ノートを介したグループ・モデレーションは、自己を見つめ直すために効果的である。自分なりの答えを出させることがゴールではなく、授業が終わってもなお考え続ける姿勢を大切にし、自分の考えをよりよく進化させていける子どもを育成したい。

　道徳の授業がいわゆる登場人物の心情を理解させるだけの読み取りに陥らないように、常に実践を意識させることが重要である。そのために、授業と日常をつなぐ手立てとして、「道徳小話集」を活用する。

Aさん	課題探求のプロセス	Bくん
[導入時の姿]		**[導入時の姿]**
普段の生活のなかで、「お手伝いを頑張っている」と述べた。理由を尋ねると「家族のなかで自分の仕事だから」と答えた。		「いま、頑張っていることは?」という問いに、「頑張っていることはない」と否定的な意見を発言した。
振り返りではノートに、「私がお手伝いを頑張っているのは、家族みんなの笑顔を見たいからです」と書く。授業内でも同様の発言をし、他の子どもから称賛の拍手が送られた。自分が頑張っていることが認められ、誇らしげであった。	**第1時**	主人公の頑張る理由について、「ほめてくれたから」と発言した。「Bくんは、どんなときにほめてもらった?」と聞くと、しばらく考えた後、「いままであまり、ほめてもらったことはない」と答えた。
中心発問で「鉄道が動いたことがみんなの希望になった」と、みんなの共通解のもととなる発言をした。「誰のどんな頑張りを応援したいか」については、父母の仕事について書き、家族で互いに助け合うことについて書いていた。	**第2時**	振り返りでは、クラスの友達からBくんの頑張りを認める発言や、Bくんを応援する気持ちがたくさん発表された。ノートには「頑張ってよかった」と書いていたので、「みんなちゃんと見てるよ」とコメントを返した。
120点の □ には、「お手伝い」と入れて発表した。理由を聞くと、「いままでも100点のお手伝いだったけど、120点を目指してもっとできることを増やしたい」と述べた。家族を思う気持ちは一貫しているが、その強まりを感じさせる。	**第3時**	120点の □ には、「掃除」と答えた。教材の題名と同じだが、自分も主人公と同じだと考えたようである。自分がしていたことが実は100点ではなく、120点であることにグループ・モデレーションを通して気づいたようである。
[変容した姿]		**[変容した姿]**
いままでよりもっとお手伝いを頑張りたい。できることが増えたら、自分の成長を家族が喜んでくれるはず。		頑張っていることはあまりないと思っていたけど、いま頑張っていることを自信をもってそのまま続けていけばいいんだと思えた。

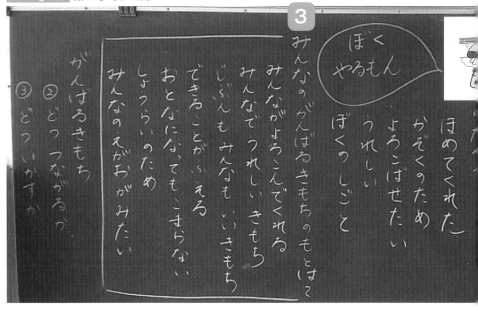

第1時 頑張る気持ちはどこから生まれ

1 ユニット学習の第1時として、普段の生活のなかから「いま、頑張っていること」について発表させる。

T いま、みなさんが「頑張っていること」は何ですか。

C 勉強を頑張っている。

T **特に何の勉強ですか？**

C 算数と漢字。

C お家のお手伝いを頑張っているよ。

T **どんなお手伝いをしていますか？**

C お皿をふいたりしている。

C 私は掃除を頑張っている。トイレの掃除なんだけど、いつもピカピカになると気持ちいい。

2 教材「おふろばそうじ」を読み、「ぼく、やるもん」と言った主人公について「なぜあきらは頑張ろうと思ったのか」を考え、話し合う。

T あきらは、「ぼく、やるもん」と大きな声で言ったのはなぜでしょう。

C 家族にほめてもらえたから。

C 「たいしたもんだ」とか、「とても上手になってきた」って言われたから。

C 家族のために頑張りたい。

T **なぜそう思いましたか？**

C 家族のために頑張ると、みんなにこにこになるから。

C 自分もうれしくなるよ。

C たしかに！

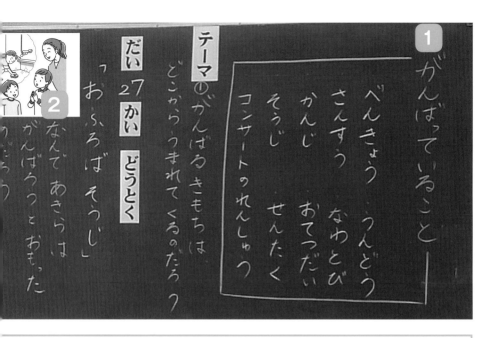

てくるのだろう？

3 主人公の「頑張る気持ちのもと」を共通理解したうえで、「みんなの頑張る気持ちはどこから生まれてくるのだろう」と問う。

T みなさんはどうですか？最初に「頑張っていること」をたくさん言ってくれましたね。その頑張る気持ちはどこから生まれてくるのでしょう。

C 将来のため。

T それってどういうことですか？

C 自分の仕事や勉強を頑張ってできるようになると大人になっても困らない。

C 大人になるまでに「できる」って思うことをたくさん増やしたい。

> **A さん** ○○さんの「将来のため」という意見がいいなと思いました。どうしてかというと、大人になってからもできることが増えていくと思うからです。
>
> **B くん** ○○さんが言っていたように、自分の仕事や勉強を頑張ってやったときはみんなが喜んでくれるし、自分もうれしくなることがわかりました。
>
> **C さん** みんなの意見を聞いて、頑張る気持ちのもとはいっぱいあるんだなと思いました。勉強はむずかしいときもあるし、仕事もやりたくないときもあるけど、自分が頑張れば頑張った分、成長できるような気がしました。

3

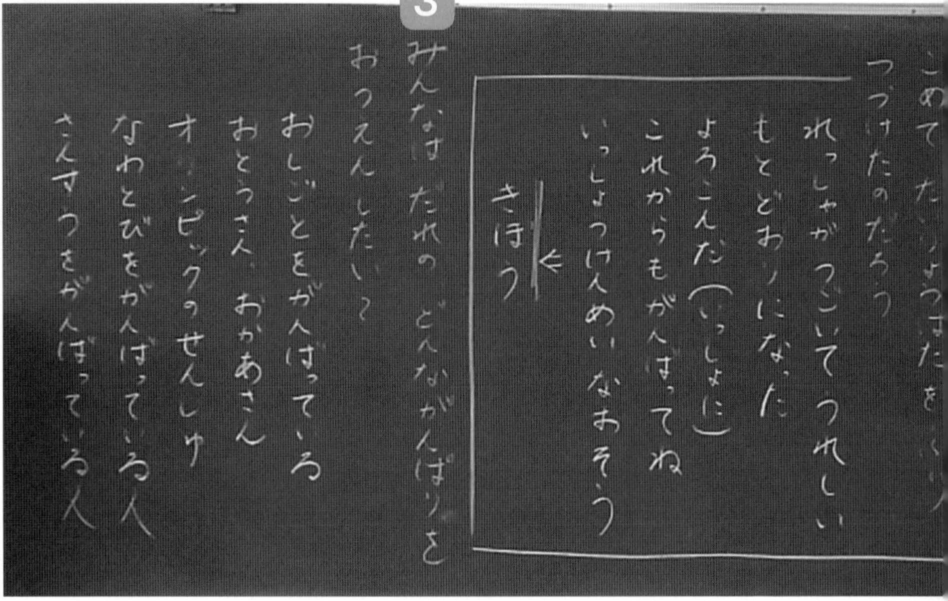

第2時 頑張る気持ちはどうつながって

1 「道徳小話集」の中から、小話9「自分をつくっていくのは自分」を読み、前時と本時をつなぐ。

T 先週は、「おふろばそうじ」というお話から、「頑張る気持ちはどこから生まれてくるのだろう」ということを考えました。みんなの意見を聞きながら、先生は「自分をつくっていくのは自分」なんだと思いました（小話を読む）。

T 今日は大きな地震のあとに起きた大津波で流された線路に、いち早く列車を走らせたいという思いで頑張った人たちのお話から、引き続き「頑張る気持ち」について考えましょう。

2 本時の教材を読み、多くの人々の努力が列車を走らせたことを理解したうえで「大漁旗を振り続けた思い」について考え、話し合う。

T 子どもたちは、どんな思いをこめて大漁旗を振り続けたのでしょう。

C 列車が走り始めてうれしい。

C もと通り動いたことを喜んだ。

T 「見えなくなるまで」「大きく力強く」振り続けたって書いてありますね。

C 「これからも頑張って走ってね」という思いを込めたんじゃないかな。

C 他にも地震で壊れたところや津波で流されたところを一生懸命直していこうっていう思いもありそうだ。

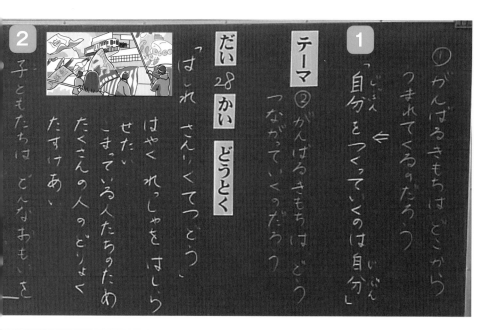

いくのだろう？

振り返り [例]

3 頑張る気持ちは希望となり、それを励まし合い、応援し合うことでそれが叶うことを共通解とし、誰のどんな頑張りを応援したいか考える。

T　みなさんは、誰の、どんな頑張りを応援したいですか。

C　毎日お仕事を頑張ってくれているお父さんとお母さんを応援したい。

C　○○さんがなわとびを頑張っているので跳べるようになってほしい。

C　オリンピックがあるので、スポーツ選手たちに頑張ってほしい。

T　今日の授業を振り返って、ノートに学んだことを書きましょう。書けたら班で紹介し合いましょう。

A さん　今日はむずかしいテーマだったけど頑張りました。私は頑張る気持ちは希望につながることがわかりました。そして、授業が終わってからもう1つ考えました。「みんなの夢になる」です。私は友達や家族に応援してもらえるとうれしいし、夢に向かって頑張ろうと思えます。私も誰かの夢を応援できる人になりたいです。

B くん　頑張る気持ちが生まれたら、それが途中でなくならないようにみんなで応援して、希望につながるようにしていきたいです。

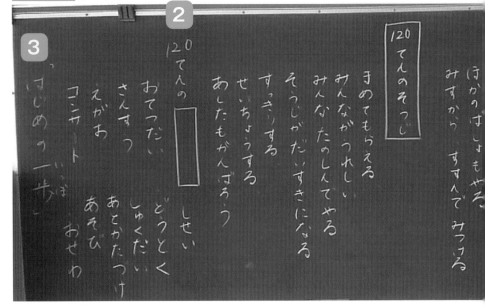

第3時　頑張る気持ちをどう生かして

1　前時までの学びを想起させ、本時のテーマ「頑張る気持ちをどう生かしていったらいいんだろう?」を設定し、学習の見通しをもたせる。

T　○○さんの道徳ノートには、こんな振り返りが書かれていました（道徳ノートを紹介する）。
　　他にも友達がどんなことを書いたか班で道徳ノートを読み合ったり、書いたことを紹介し合ったりして、前の時間までに考えたことを思い出しましょう（グループ・モデレーション）。
T　では、今日は、自分の頑張る気持ちをどう生かしていくか、一人一人じっくりと考えていきましょう。

2　120点の掃除とは、自らを成長させ、みんなで協力し合って楽しむものという共通解をもとに、「120点の□」について各々の考えを発表させる。

T　みんなはこれからどんなことで120点を目指していきますか。
C　「120点のお手伝い」。私のお母さんは毎日忙しいので、前にやった「おふろばそうじ」のときみたいに、お手伝いを頑張って喜んでもらいたい。
C　「120点の算数」。僕は算数が好きだから2年生の分まで勉強したい。
C　「120点の笑顔」。私が笑顔で過ごせば家族も友達も笑顔にできるから。

テーマ
① がんばるきもちのもと
② がんばるきもちのつながり
③ がんばるきもちをどういかしていったらいいんだろう

だい 29 かい どうとく
120てんのそうじ

「120てんのそうじ」

80てんのそうじ
ゴミがのこっている
おしゃべりしちゃう
じぶんのところだけいわれたことだけ

100てんのそうじ
すみずみまできれい
しゃべらずやる
おわったりってった

いったらいいんだろう？

3 道徳小話集の中から、小話53「はじめの一歩」を読み、歌を歌った後、本ユニットを振り返って道徳ノートに学んだことを書く。

Ｔ 「はじめの一歩」には、「勇気をもって大きく一歩、歩き出せ」という歌詞があります。生きていくうえではつらいこともありますが、これまで考えた「頑張る気持ち」を自分や周りの人のために勇気をもって精一杯出して生きていってください（「はじめの一歩」を歌う）。

Ｔ 3時間の授業を通して、学んだことを道徳ノートに書きましょう。

子ども一人一人の納得解

A さん 私の「頑張る気持ち」は、自分の将来のためや、家族や友達がよろこんでくれるから生まれることがわかりました。そして私は、ピアノを頑張ってピアノの先生になることを夢にして、これからも一生懸命、毎日練習していきたいと思いました。

B くん 僕はいま、コンサートの練習を頑張っています。本番では見にきてくれたお母さんやお父さんたちを感動させたいからです。そのために、友達と力を合わせて頑張りたいです。3時間の道徳をやってその気持ちが前よりも強くなってきました。

[問い]

大きくなるってどんな気もち？

■ 実践のねらい

❶とらえさせたい道徳的価値：成長していく自分を自覚していくことから、
生きている喜びや、成長を支えてくれた周りの人々へ感謝を感じる気持ち
を高める。

❷自己の生き方についての考えを深める：とらえた道徳的価値をもとに、日々
成長しながら生きていくことを前向きにとらえたり、自分を支えてくれて
いる周りの人々への感謝の気持ちをもち続けていこうとする思いを高めた
りする。

■「問い」と「構成」づくりのポイント

今回のユニットでは、一つの問い
を全時間で問い続けるという構成を
とった。一つの問いについて異なる
内容項目から考えるように、2単位
時間を構成することで、子どもの問
いは、深まりやすく1年生のユニッ
ト学習として取り組みやすいと考え
る。

ユニット全体を通して問い続ける
のは、「大きくなるってどんな気持
ちがするのだろう」という問いであ
る。人の成長を「生きること」とと
らえ、身体が大きくなったり心が豊
かになったりすることを生きている
喜びと考える授業と、大きく成長し

楽しい思い出ができたのは、周りで
自分を支えてくれていた人々がいる
からだと気づき、成長を「感謝」の
視点から見る授業を組み合わせた。

2つの授業を同じ問いでつなぐ
ことで、大きくなることに対して感
じる気持ちについて、授業ごとに新
たな考えを積み重ねていくことがで
き、子ども自身が自分は何を学んだ
のか、何に気づいたのかを自覚しや
すくなると考えている。

この構成によって、1年生におい
ても自分をみつめる習慣を身につけ
やすくなると言えるのではないだろ
うか。

■［ユニット］授業ストーリー

使用教科書 光村図書「どうとく 1　きみがいちばんひかるとき」

第1時　大きくなるってうれしいことなのかな？

> **主　題**「おおきく　そだって」 　　　　　　　　　　　D（19）
>
> **内容項目** 生命の尊さ　　**提示教材**「ちいさな　ふとん」
>
> 導入でユニット学習のテーマとなる「問い」を子どもたちに問いか
> ける。子どもからは「大きくなることはうれしい」という思いが出
> されると想定される。そのうえで、教材の赤ちゃんの挿絵を見せ、
> 赤ちゃんの頃の思い出や赤ちゃんに対する思いを自由に話す場を設
> ける。
> 子どものなかに赤ちゃんの頃を懐かしむ思いが大きくなってきたと
> ころで、再度ユニットテーマを問いかけると、「本当に大きくなるっ
> てうれしいことなのかな」という思いが湧き上がってくる子どもも
> 出てくる。
> そこで、子どもの思いをもとに「大きくなるとどんないいことがあ
> るのか考えよう」という学習のめあてを立て、教材をもとに考えて
> いく。そして、命の誕生は、周りのみんなにとっても喜ばしいこと
> であることとともに、成長していろいろなことができるようになる
> ことは本人にとっても周りのみんなにとってもさらにうれしいこと
> であるということに気づくことができるようにする。

第2時　大きくなると出てくるのは、うれしい気もちだけかな？

> **主　題**「みんなのおかげで」 　　　　　　　　　　　B（8）
>
> **内容項目** 感謝　　**提示教材**「みんな　みんな、ありがとう」
>
> 導入で、前時に気づいた成長の喜びを想起させて、ユニットのテー
> マの意識をつなげるようにする。そのうえで引き続き同じユニット
> テーマ「大きくなるってどんな気持ち？」を本時も考えていこうと
> 投げかけ、「うれしい以外の気持ちはあるかな」と問いかけて、教材
> をもとに、周りの人々の支えがあったからこそ自分が大きくなれた
> ということへ感謝する気持ちを深めていく。
> 終末で、ユニットテーマを再度問いかけ、2時間を通して大きくなっ
> ていく気持ちについて自分の考えをまとめるようにする。

縦書き：課題探求のプロセス

```
自己の生き方についての考えの深まり
```

■授業を通じて子どもが考えを深めていくための工夫

子どもの考えを深める教師の技

主人公の思いに共感できる理由を聞く

共感できる理由を聞くことで、自分の具体的な体験を語りながら価値理解を深めやすくする（○囲みが理由）。

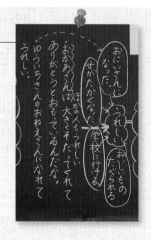

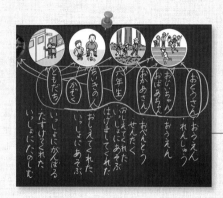

出された考えを分類して板書する

感謝の気持ちをもった人ごとに出された体験を板書し、何に対する感謝かわかりやすくする。

✒指導のポイント

　本ユニットでは、子どもが自分自身の成長を見つめることが重要になる。自分自身の成長を具体的に振り返っていくことが、子どもの考えを深めていくことにつながるので、授業では、できるだけ子どもが自分の体験を思い出せるような支援を行っていく。たとえば中心発問で主人公の思いを聞くだけでなく、「自分にも『よしこさん』と同じ思いがあるかな」「どうして同じだと思ったの？」と問いかける。そこから、子どもは自分を見つめ始め、自分の体験をもとに語るようになる。また、子ども自身の体験がたくさん語られると、それを種類ごとに分類して板書すれば、聞いていた子どもも友達の考えを理解しやすくなり、各自の考えを深めることができる。

	Aさん	課題探求のプロセス	Bくん

Aさん

［導入時の姿］

「大きくなるってどんな気持ちがするのだろう」という問いに対して、できるようになったことを思い出して、「うれしい」と語った。

Bくん

［導入時の姿］

赤ちゃんのころの楽しい思い出といまの生活を比べて、赤ちゃんの頃にもどりたいという思いをもっていた。

第1時

A: 大きくなっていくと、やっぱりうれしいな。大きくなると、自分だけではなく、お母さんとか周りの人もうれしいと思ってくれているんだな。これからも元気で大きくなっていくぞ。

B: 大きくなると、みんなが言っていたとおり、自分でできることが増えるから、いいなと思った。サッカーができるようになったのも、大きくなったからだから、大きくなるって楽しくてうれしいことなんだ。

第2時

A: 1年間いろいろ楽しいことがあったな。家族だけでなく、6年生や地域の人たちなど、たくさんの人が助けてくれたんだな。ありがとう、みんな。2年生でもがんばるよ。

B: みんなが言っていたとおり、これまでこんなにたくさんの人に助けてもらっていたんだな。びっくりした。先生がいつもわかりやすく教えてくれたな。ありがとうって言いたいな。

［変容した姿］

大きくなるためには、いろいろな人に助けてもらっていたんだな。できないことがあっても頑張ってこられたのは、みんなに応援してもらったからなんだな。2年生になったら、今度は自分が人を助けてあげたいなあ。

［変容した姿］

はじめは、大きくなっても別にうれしいことはないと思っていたけど、大きくなったからいろいろなことができるようになったんだとわかったから、大きくなるのはうれしいって思った。これからは、「ありがとう」の気持ちを忘れず、いろいろなことにチャレンジしたいな。

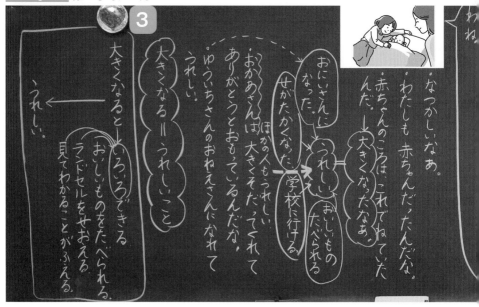

第1時 大きくなるってうれしいことな

1 赤ちゃんの挿絵を見せ、赤ちゃんに対するイメージを話し合う。その中で大きく成長した自分を見つめ、大きくなっていくことのよさがあるのかという課題意識を高める。

T　大きくなることって本当にいいことかな。

C　できるようになることが増えるから大きくなるのはいい。

C　赤ちゃんはみんなにかわいいって言われるから赤ちゃんの方がよかった。

C　でも、ずっと赤ちゃんでいるのは、ちょっと嫌だなあ。

C　赤ちゃんは勉強しなくていいし、もどりたいなぁとも思う。

2 教材「ちいさな　ふとん」を提示する。大きくなった自分を見つめる主人公の思いを話し合うことを通して、生きていることのすばらしさに気づきやすくする。

T　「このおふとんではねられなくなったわね」と言われて、よしこさんはどんなことを思ったのでしょう。

C　「私はこんなに大きくなったんだな」

C　「成長したんだな。うれしいな」

T　成長ってたとえばどんなことかな？

C　学校に行けるようになった。

C　おいしいものが食べられるようになった。

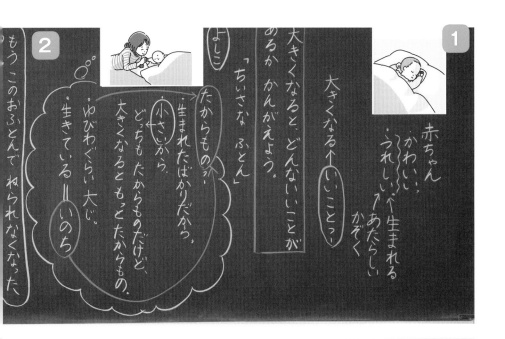

のかな？

2

たからもの→
・生まれたばかりだから。
小さいから
どっちもたからものだけど、
大きくなるともっとたからもの。
・ゆびわぐらい大じ。
・生きている＝いのち

大きくなると、どんないいことが
あるか　かんがえよう。
「ちいさな　ふとん」

よし→

1

赤ちゃん
かわいい
うれしい　→　生まれる
あたらしい
かぞく

大きくなる→いいことっ！

振り返り［例］

3 話し合いのなかで大きくなっていくことのよさを共通解としてまとめ、いまの自分が大きくなっていくことにどんな気持ちをもっているのか自分の納得解をもてるようにする。

T 大きくなるとどんないいことがあるか考えられたかな？

C ランドセルを背負えるようになる。

C 大きくなるといろいろできるようになる。

C わかることが増えていく。だから、大きくなるってうれしいこと。

C おいしいものをいっぱい食べられる。

A さん　やっぱり、大きくなると、できることが増えてうれしい気持ちになるんだな。これからもできることを増やしたいな。

B くん　身体が大きくなっていることがおもしろい。赤ちゃんのころの服はもう着られないんだな。大きくなるって面白いな。今の服もそのうち着られなくなるんだな。

C さん　大きくなると赤ちゃんは食べられない、おいしいものをいっぱい食べられる。早く大人になりたいな。大きくなるっていいな。

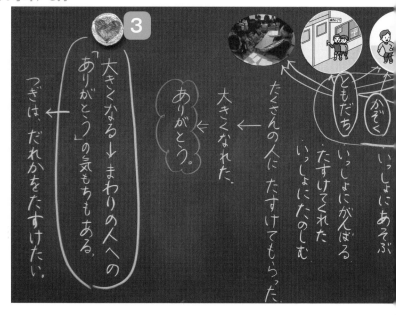

第2時 大きくなると出てくるのは、

1 前時の学習を想起させ、大きくなることに対して出てくる気持ちは、喜びだけなのか問いかけ、新たな視点をもって自分の成長を振り返りやすくする。

T 前の時間は、大きくなるとどんな気持ちになるって気づいたかな。

C うれしいなと思った。

C 大きくなるのは、できることが増えて楽しいなと思った。

T **大きくなることについて出てくるのは、「うれしい」だけかな。**

C 楽しい気持ちもあるかな。

C 嫌だなあ、大変だなあという気持ちもあるかも。

2 教材「みんな みんな、ありがとう」を提示し、大きくなってきたことに気づいたとき、なぜ周りの人に感謝の気持ちをもつのか考えるようにする。

T どうして、「ぼく」はいろいろな人に「ありがとう」と思ったのでしょう。

C お父さんの応援で力が出せたから。

C けがをして痛かったけど、友達が優しくしてくれて楽になったから。

C 他にもお母さんにも、「毎日おいしいごはんをつくってくれてありがとう」と思っているよ。

C お母さんは、洗濯もしてくれているから「ありがとう」がいっぱいあるよ。

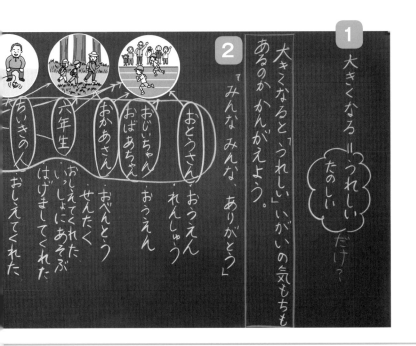

うれしい気もちだけかな？

子ども一人一人の納得解

3 大きくなっていく自分に気づいたときに感じる気持ちについて共通解をもち、自分のなかの感謝の気持ちを振り返り、ユニットテーマについてもう一度考えるようにする。

T 大きくなったことに気づくと、「うれしい」と違う気持ちも出てきましたか。

C 「ありがとう」の気持ちが出てきた。

T 自分はどうですか？ありがとうの気持ちが出てきますか。

C 6年生のお兄ちゃんが一緒に遊んでくれて楽しかった。ありがとう。

C 昔遊びを教えてくれた地域の人。ありがとう。また一緒に遊びたいな。

A さん 大きくなると、うれしいだけでなく、「ありがとう」の気持ちも出てくるんだな。自分もお母さんに「ありがとう」を言いたくなった。

B くん 大きくなるときにはむずかしいことや大変なこともあるけど、みんなに助けてもらったり、励ましてもらったりして頑張れたんだ。ありがとう、みんな。

C さん 友達を保健室に連れていってあげたとき、「ありがとう」と言われてうれしかったな。友達を助けることができるのも大きくなったから。うれしいな。

[問い]

生きるってどういうこと？

■ 実践のねらい

❶ 生きているとはどういうことかについて、友達と語り合い、自分を支える人の存在をあらためて感じることを通して、自分の生命を大切にしていこうとする心情を高める。

❷ がんばるということについて、そのもとになる気持ちを考えたり、自分のやりたい気持ちを大切にするよさを話し合ったりすることを通して、自分を高めていこうとする心情を高める。

■「問い」と「構成」づくりのポイント

ユニットの導入で「生きるってどういうこと？」というユニットテーマを提示する。普段考えたことのない「生きる」の具体について考え、友達と話し合っていくことで、本ユニットのテーマをだんだんと自分ごとにしていけると考える。

なお、ここで問いを出し合ったり、ノートに書き留めたりすることで、ユニット第3時の自己評価の視点をつくる（グループ・モデレーションの援用）。

第2時では、生命尊重の観点から、「生きる」について考える。誕生日に親に「ありがとう」と言う意外性が、「自分の『生きる』は誰の

ものなのか、誰のためなのか」「どう生きることがよいのか」という問いを生む。家族や仲間と一緒にいることの価値やかけがえのなさについて気づき、語り合う機会としたい。

第3時には、「がんばる」という観点から「生きる」について考える。「がんばらなきゃいけないからがんばる」という義務感からではなく、自分の「好き」「やりたい」をもととしてがんばることこそ、よりよく「生きる」ということなのだと感じる授業を展開したい。それにより、自分のいまの「生きる」とは何か、納得解を紡げると考える。

■[ユニット] 授業ストーリー

使用教科書 学校図書「かがやけ　みらい　小学校どうとく　2年」

第1時 どんなときに「生きている」ってかんじる？

> **主　題**「『生きている』を見つめて」　　　　　　　　　　　D(17)
>
> **内容項目** 生命の尊さ　**提示教材**「生きているって、どんなこと？」
>
> 第1時では、やなせたかし氏の「てのひらをたいように」を中心とした教材を用いる。「みんなはどんなときに生きているってかんじる？」という教材の最後の一文をもとに語り合うことを通して、「私にとっての『生きる』『生きている』って何だろう？」と、自分の「生きている」を見つめ直し、ユニットをつらぬく問いが生まれることをねらう。

第2時 たんじょう日に「ありがとう」はどういういみ？

> **主　題**「家族や仲間と生きているわたし」　　　　　　　　　D(17)
>
> **内容項目** 生命の尊さ　**提示教材**「たんじょう日に　ありがとう」
>
> 第2時では、誕生日に母に「ありがとう」を伝えるという校長先生の話を教材にする。なぜ誕生日に「ありがとう」と言うのかを話し合うことを通して、家族がいるからこそ自分がいることや、家族と共に生きることのかけがえのなさなど、感じたことを語り合う時間としたい。そして、前時の「生きている」について、家族との関わりという視点から考えを深めることをねらう。

第3時 がんばる「もと」って何？

> **主　題**「がんばることの『もと』」　　　　　　　　　　　　A(5)
>
> **内容項目** 希望と勇気、努力と強い意志　**提示教材**「だいじょうぶ、キミならできる！」
>
> 第3時では、元プロテニス選手の松岡修造さんの生き方を描いた教材をもとに学ぶ。具体的な人物の生き方に触れることによって、また「がんばる」という具体的な観点から生き方について考えることにより、これからどう生きていく自分なのかを考え、「生きるってどういうこと？」というユニットの問いに対する納得解を紡げるようにする。

課題探求のプロセス

自己の生き方についての考えの深まり

■授業を通じて子どもが考えを深めていくための工夫

子どもの考えを深める教師の技

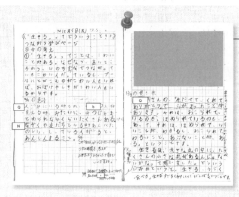

つながり学びページ

道徳ノートに、単元を通じて振り返りを書き足していくページをつくる。ユニットの考えが一覧できるページとすることで、自分の考えがどのように変容していったかを子どもが自覚することができる。

授業前の板書による見通しの共有

授業前に、ユニットのテーマと本時の振り返りの課題を黒板の左脇に板書しておく。子どもが授業の見通しをもつことができる（※右写真は別ユニットの板書）。

✒ 指導のポイント

　納得解を紡ぐためには、自分の考えがどのように変容していったかがわかることが重要である。そこで、ノートの一覧性を高めるために、「つながり学びページ」と称して、ユニットの導入と毎時間の振り返りを書きためるページをつくった。ユニット導入の際、見開きでノートを使うことを説明し、テーマに対する自分の考えを書くようにする。そして、第1時から自分の学び、自分の納得解をこのページに書きためていく。

　授業開始前にユニットテーマと振り返り課題（「今日の学びを『つながり学びページ』に書き足しましょう」等）を板書しておくことによって、教師の見通しを子どもと共有し、授業と授業をつなぐ手立てとした。

Aさん	課題探求のプロセス	Bさん
[導入時の姿]		[導入時の姿]
生きることについて、「友達と遊ぶ、学ぶ、食べる」と表す。理由は「いろいろなことを知らないと、食べないと生きられない」から。		なかなか考えを書き出せない様子であった。「『むずかしい』と書くことも大切」と全体に助言すると、「むずかしい」と書いた。
振り返りではノートに、「わたしは今日たくさん思いついたけど、みんなたくさん考えていたので、わたしの思いついたことがふえたと思います」と書いた。増えたならどう増えたのか具体的に書くようにコメントを入れて返した。	第1時	「かなりむずかしいなと思いました。理由は、わたしがまだ生きるというのは、どういうことかあまりわかっていないからだと思います」と書いた。「あまり」という言葉から、徐々に自分の考えが形成されつつあると感じた。
導入で前時の学びを挙手発言。振り返りには、「今日Mくんの『いろんな人がいて自分がいる』がわたしは、思いつかなかったので、いいなと思いました」と書いた。共通解をもとに自分の納得解を紡げるよう支援する必要があった。	第2時	挙手発言なし。「ぜったいとは、自しんはないけど生きているから『ありがとう』と思うことができてそれを言えることが生きるだと思いました」と書いた。「ごめんなさい」も「生きる」に関係しているとして考えを形成している。
友達の発言を聞いたり板書を見たりしながら、よく考えている様子であった。前時同様、友達の考えを引用して、考えが増えたという学びを記述している。下記のユニットのまとめノートでも、考えが増えたと自己評価している。	第3時	授業冒頭から挙手発言し、前時までで考えが形成されたことで自信をもてていると感じた。「がんばるもと」について、「友達にほめられること」を挙げており、ここに彼女の願いが込められていると考えた。
[変容した姿]		[変容した姿]
左の考え（第1時）しかなかったけど、この3時間でわたしは、たくさん考えがふえました。たとえばUちゃんのかいだんです。		前までは『生きるって生きるってことでしょ』と答えていた。でもいま聞かれたら、きっと『考えることだよ』などと答えられる。

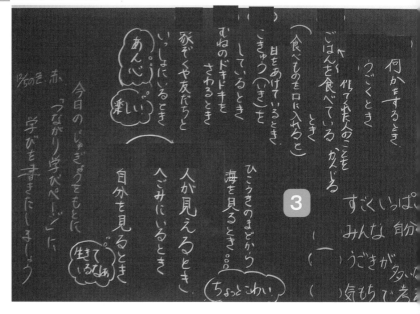

第1時 どんなときに「生きている」っ

1 ユニットテーマ「『生きる』ってどういうこと?」についてのいまの考えを語り合い、ノートに書く(現段階での考えを自覚する)。

T 「生きる」ということについて思っていること、考えていること、考えたいことを聞き合いましょう。

C 友達と遊ぶってことも、学ぶってことも、食べるってことも、「生きる」だよ。

C むずかしくてまだわからない。

C うれしいことも、悲しいことも「生きる」。

T 今の考えを、「つながり学びページ」に書いておきましょう。

2 教材「生きているって、どんなこと?」を読んだ後、本時の問い「どんなときに『生きている』って感じる?」について、語り合う。

T みんなはどんなときに「生きている」って感じますか。

C 家族や友達と一緒にいるとき。

C 食べ物を口に入れると、「あー、生きてるな」って感じ。

C つくってくれた人とか、野菜を育ててくれた人のことを感じる。

C スポーツができること。だって、死んじゃったら、動けないじゃん。ホネホネ〜って動くの?

C たしかに!

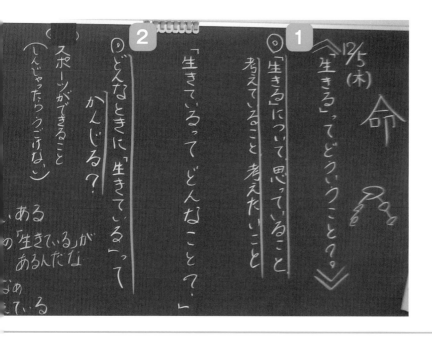

てかんじる？

振り返り [例]

　みんなの考えを聞いてどう感じたか語り合い、「いろいろな『生きている』があること」が共通解としてわかる。振り返りをノートに書く。

T　みんなの「生きている」を聞いて、どう感じたかな。

C　すごくいっぱいある。

C　みんなそれぞれ、自分の「生きている」がある。

C　「〇〇する」っていう、動詞が多い。

T　動きが多いってことかな。

C　気持ちのことで考えている。

T　いろいろな「生きている」がありましたね。「つながり学びページ」に、今日の学びを書き足しましょう。

Aさん　命って大切なんだな〜と思いました。

Bさん　かなりむずかしいなと思いました。理ゆうは、わたしがまだ生きるというのは、どういうことかあまりわかっていないからだと思います。

Cさん　生きるってたのしいな。理ゆうは、これから何かがあるからです。

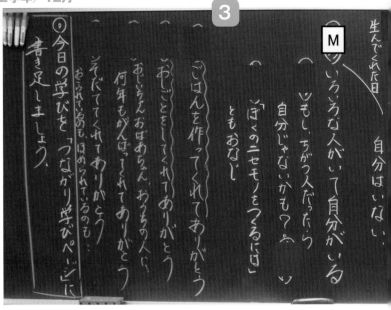

第2時 たんじょう日に「ありがとう」

1 前時の学びを交流した後、本時教材「たんじょう日に 『ありがとう』」を読む。そして感じたことを語り合い、本時の学習課題を設定する。

T 前の時間の学びを交流しましょう。

C 「友達と遊ぶ、学ぶ、食べる」が生きている。

C 人から人が産まれるってすごい。

T（教材一読後）どんなことを感じた？

C 優しい話。

C 僕は誕生日に「ありがとう」は言ったことないな。

C 「プレゼントありがとう」って言ってるよ。

T その「ありがとう」と一緒かな？

2 本時の問いについて語り合い、「産んでくれたり、育ててくれたりしたことへの感謝」であることが共通解としてわかる。

T 校長先生の誕生日に言う「ありがとう」はどういう意味でしょう。

C 産んでくれてありがとう。

C つけ足しで、痛い思いをしてまで。

C いろいろな人がいて自分がいるってことに、ありがとう。

C おじいちゃんおばあちゃん、お母さんお父さん。誰かが違ったら、違う私だったかも。

C 誕生日は、自分を「産んでくれた日」なんだ。

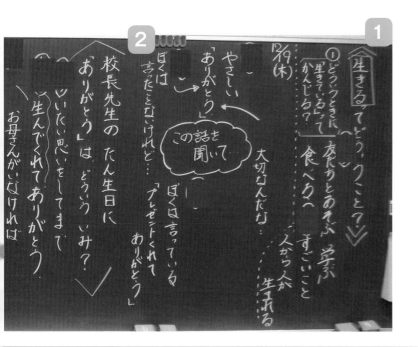

はどういういみ？

3 自分だったら、誰に、どんな「ありがとう」を言いたいかを語り合い、本時の学びを「つながり学びページ」に書く。

T　あなただったら、誰に、どんな「ありがとう」を言いたいですか。

C　ごはんをつくってくれて。食べないと生きられないから。

C　お仕事をしてくれて。だからこそ、僕たちが楽しいことができる。

C　おうちの人に、育ててくれてありがとう。何年もがんばってくれている。怒られるのもほめられるのも…。

T　「つながり学びページ」に、今日の学びを書き足しましょう。

A さん　今日のMくんの『いろんな人がいて自分がいる』がわたしは、思いつかなかったので、いいなと思いました。

B さん　ぜったいとは、自しんはないけど生きているから『ありがとう』と思うことができてそれを言えることが生きるだと思いました。「ありがとう」だけじゃなくて「ごめんなさい」なども生きているにかんけいしていると思いました。

C さん　Mくんの発表を聞いて、いろんな人がいて、いろんな人が生きているんだなと思いました。

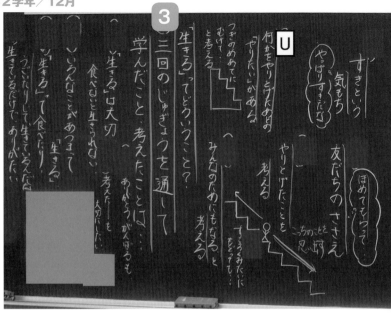

第3時 がんばる「もと」って何？

1 前時の学びを交流し、本時教材「だいじょうぶ、キミならできる！」を読む。そして、感じたことを語り合い、本時の学習課題を設定する。

T 前の時間の学びを交流しましょう。

C 生きているから「ありがとう」「ごめんね」が言えるんだと思いました。

C 助け合って「生きる」んだな。

T （教材一読後）どんなことを感じた？

C 「がんばる」も「生きる」なんだな。

C がんばれば何でもでき、夢がかなう。

T 「がんばればできるからがんばる」と思っていれば、がんばれそう？

C うん、がんばれそう。

C でも、こんなことがあって…。

2 本時の問いについて語り合い、「好きという気持ち、なりたい自分を描くこと、まわりの支えが自分のがんばるもとである」ということが共通解としてわかる。

T がんばる「もと」って何でしょう。

C やっぱり、好きだなっていう気持ち。

C 何かをやりとげた後の「やりたい」。

C どういうこと？

C 階段みたいに次の目標がある。

C テニスでプロになったら子どもが見て、みんなのためにもなると考える。

C 友達にほめてもらったうれしさかな。

C これまでがんばった自分を見る。

C 階段というか、すごろくみたい。

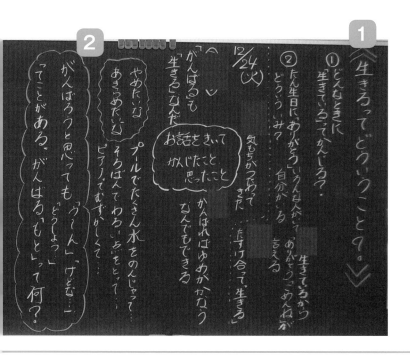

3

自分は、どのがんばる「もと」を大事にしていきたいかを表現し、本ユニットの学びを振り返って、「つながり学びページ」に書く。

T　あなただったら、どのがんばる「もと」を自分の力にしていきたいかな（挙手指名で聞いていく）。

T　３時間の授業を通して、どんなことを学んだり、考えたりしてきたかな。つながり学びページに書いて、伝え合いましょう。

C　「生きる」は大切だと思ったよ。

C　いろんなことが集まって「生きる」なんだな。

C　生きているだけで、ありがたい。

子ども一人一人の納得解

Ⓐ さん　今日まで、３時間やってきたけど、わたしは、左の考え（第１時の考え）しかなかったけど、この３時間でわたしは、たくさん考えがふえました。たとえばUちゃんのかいだんです。

Ⓑ さん　まえまでは、生きるってどういうこと？と聞かれても「わからない」や「生きるって生きるってことでしょ」と答えていたと思います。でもいま聞かれたら、きっと「考えることだよ」などと答えることができると思います。とくに学んだことと思っていることは、Fくんの言った「生きているから考えている」です。とっても楽しかったです。

Package
04 第2学年／1月

[問い]

のこりの２か月 クラスのみんなで楽しく過ごすにはどうすればいいのだろう？

■ 実践のねらい

❶「友達と仲よくすることは大切である。しかし、それは具体的に『どういう』ことなのか」を説明するのは少しむずかしい。単純に「一緒に遊んでいれば仲がよい」ということではなく、その根底にある「心の存り方」について子どもたちと考えていくことが大切である。

❷このユニットによる学習を行うことで、クラスの友達と過ごす最後の２か月を有意義なものにしてほしいという願いがある。

■「問い」と「構成」づくりのポイント

この３時間のユニット学習は１月中旬からスタートする。この時期は１年のまとめの慌ただしさや次年度への期待や不安等から、つい「身近な友達と過ごす日常の大切さ」を見落としてしまいがちである。「今のクラスの友達への感謝」や「お互いの成長」を感じながら、次の学年に進級してほしい。このような思いから今回の「問い」を設定した。

授業の構成としては、よりよい友達関係についてさまざまな角度から考えられるような教材を選択した。第１時では「一人で遊ぶこと」では経験できない「みんなで遊ぶことのよさ」とは何かを考えていく。

第２時では、「平等」について考えていく。子ども同士のけんかの原因の多くには「ずるい」という感情が存在している。しかしすべてを平等にすれば問題が解決するわけではないことにも気づかせたい。

第３時は「自分のよさ」について考えていく。同時に「友達のよさ」にも気づける視点をもてるようにしていきたい。

３つの教材はどれも友達と関わるなかでのさまざまな葛藤が描かれている。３時間の学習を通すことで一つの考えに偏らない柔軟な心の在り方を見つけてほしい。

■ [ユニット] 授業ストーリー

使用教科書 学研「みんなのどうとく　2 年」

第1時 一人ではなくみんなで遊ぶことのよさについて考えよう

> **主題** 「みんななかよく」　　　　　　　　　　　　　　C(11)
>
> **内容項目** 公正、公平、社会正義　**提示教材** 「およげないりすさん」
>
> 第1時では「好き嫌いにとらわれない友達とのよい距離感」や「一人ではなくみんなで遊ぶことの意味」について考えていく。「いつも友達と一緒に遊ぶこと」がよいとも限らない。一人で遊ぶこと、みんなで遊ぶことはそれぞれによさがある。しかし「友達と一緒だからこそできること」、そして「好き嫌いなく誰とでも、仲よく遊ぶために必要なこと」とは何か子どもたちと考えていきたい。

第2時 「びょうどう」について考えよう

> **主題** 「みんななかよく」　　　　　　　　　　　　　　C(11)
>
> **内容項目** 公正、公平、社会正義　**提示教材** 「つくえふき」
>
> 第2時で扱う教材文には学校生活における「不平等」が描かれている。この学習では「平等とは何か」ということについてあらためて子どもたちと考えていきたい。一人一人異なる思いをもった学級集団において、すべての条件を「同じ」にできるわけではない。しかしみんなが同じ気持ちで「安心、納得を感じながら過ごす」ためにどうしたらよいかを子どもたちと考えていきたい。

課題探求のプロセス

第3時 「自分のよいところ」について考えよう

> **主題** 「わたしのよいところ」　　　　　　　　　　　　A(4)
>
> **内容項目** 個性の伸長　**提示教材** 「きらきらみずき」
>
> 第3時では「自分のよいところ」について考える。同じように日常生活のなかでの「友達のよいところ」も見つけてほしい。自分のよさに気づくことで、相手のよさにも気づける。そして相手から教えてもらうことで、自覚していなかった自分のよさに気づくこともある。この学習が自己肯定感の育成だけでなく友達のよさの理解にもつながっていくとよいと考える。

自己の生き方についての考えの深まり

■授業を通じて子どもが考えを深めていくための工夫

子どもの考えを深める教師の技

名前磁石による
意思の可視化

付箋を使った
フリートーク

自由記述の
ポートフォリオ

🖋 指導のポイント

【授業の中で子どもたちと問いをつくる】

　「導入時の発問」と「展開時の中心発問」は授業の前に考えているが、授業をしていくと子どもたちの発言のなかから「なぜそう思ったの？」と教師も聞きたくなるような「問い」が生まれることがある（板書に「Q」と記載）。そこを深く聞いていくことで授業が深まることは多い。

　子どもたちの意見からリアルタイムで問いをつくり、授業をつないでいくことで、子どもたちの表情や発言、学びが本物になっていく。ただし、授業中の発言すべてを問いにしてしまうと、何を学ぶ授業かがわからなくなってしまうので「命」「友情」「約束」…といったその学習のテーマからずれないように問いを設定し聞いていくことが大切である。

【子どもの意見が学びを深める】

　「勇気なんていらないと思うよ」「子どもの方が大人より仕事ができるんだ」など、子どもたちは授業のなかで、思いもしない方向に教材を解釈することがある。一見ずれているようで、その理由を聞くと教師が考えているよりもずっと深い内容であることが多い。どういう意図で発言しているかわからないときは、「どうしてそう思った？」と理由を続けて聞いていくようにしている。もしふざけて言った意見であれば途中でつじつまが合わず答えられなくなってしまうが、真剣に考えて言っている意見であれば、教師が理由を聞くことで理論がより深く明確になり、子どももそれを自覚することができる。

Aくん	課題探求のプロセス	Bさん
[導入時の姿]		**[導入時の姿]**
鬼ごっこなど自分の好きな遊びをしたいという気持ちが強く、苦手なドッチボールにはなかなか参加できなかった。		自分の周りの友達のことが常に気になり、ずるいと思ったことや納得いかないことがあるとすぐに担任に報告する姿が見られた。
みんなと楽しく過ごすには一緒に遊ぶことだと思います。僕はみんなと〇〇水族館と◇◇公園に行きたいです。そこで守りたいことは、優しくする、けがをしないことです。あと風邪に気をつけることが大切だと思います。	第**1**時	私は残り2か月みんなと一緒に過ごしたいです。あと少しでクラス替えだからです。なんでみんなと過ごすのかというと、私は絵を描くのがすごく好きだけど、それは3年生になってもできるから、いまはみんなで遊んだ方がいいと思います。
自分の仲のよい友だちの机はきれいに拭いて、そうでない友達の机はきれいにしないのはよくない。たとえば、ドッヂボールでも同じようにされたらいやだ。きっとその子も自分がされたらいやだと思う。みんなで平等になるように思い出をつくる。	第**2**時	残りの2か月仲よく過ごすのは、「平等」が関係すると思います。みんな平等で同じ遊びをしていたら好きな遊びができなくなってしまいます。アレルギーの子に無理やり給食を食べさせてもだめです。でも仲間外れもだめだから平等はむずかしいです。
今日は自分のよいところの勉強をしました。ちょっと自慢みたいになっちゃうけど僕のよいところは足が速いところ、習いごとをがんばれるところ、あと優しいところ。もし自分によいところが見つからない子がいたらその子を何日もみてよいところをさがして見つけてあげる。	第**3**時	残りの2か月楽しく過ごすには、3年生までに自分のよいところを考えて生かすといいです。もし見つからなかったら勇気を出して友達に相談すればいいと思います。自分のよいところがわからなくても行動に示されているから友達は覚えてくれると思います。
[変容した姿]		**[変容した姿]**
個人的にドッヂボールの練習に励み、自信をもってボールをキャッチできるようになると、いろいろな友達と一緒にゲームを楽しむ姿が見られるようになった。		いつも遊ぶ仲のよい友達ができて、工作や外遊びに没頭する姿が見られた。授業で積極的に発表したり、他のグループの友達とも交流したりするようになった。

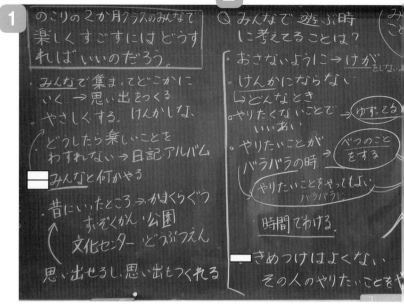

第1時 一人ではなくみんなで遊ぶこと

1 はじめに「3時間を貫く問い」を聞き、現時点での子どもたちの考えを知る。

T 3学期も残り2か月ですが、クラスのみんなと楽しく過ごすにはどうすればよいと思いますか？

C みんなで集まってどこかに行く。思い出になるから。

C 楽しいことはすぐに忘れる。忘れないために日記やアルバムをつくる。

C 水族館や公園とか昔みんなで行ったところにもう一回行ってみたい。

T なんでそうしたいと思ったのかな？

C 楽しかったことを思い出すことでまた新しい思い出をつくれると思う。

2 普段の生活を振り返り、「3時間を貫く問い」と本時のつながりを見つける。

T 普段、クラスの友達と仲よく遊ぶために気をつけていることはありますか？

C けがや、けんかをしないように気をつけている。

T なんでけんかになるのかな？

C やりたいことがみんな違うから。そういうときは譲り合わないとだめ。

C 一人で遊びたいときもあれば、みんなで遊びたいときもある。「これをやる」と決めつけるのはだめ。その子がやりたいことを聞いてあげる。

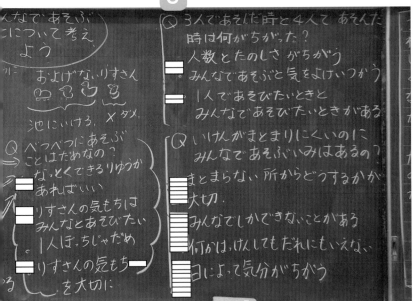

のよさについて考えよう

3 教材「およげないりすさん」を読み、「みんなで遊ぶ意味」について考える。

T　さっきみんな「一人で遊んでもいい」って言っていたけど、なぜこのお話ではだめだと思うのかな？

C　みんなが「納得して」別々に遊ぶのはいいけど仲間外れや一人ぼっちはいけないから。

T　「みんなで遊ぶ意味」って何かな？

C　遊びの種類が増えるし、みんなでしかできないことがあると思う。

C　だけど気を使うことも増えると思う。

C　でも、みんなで遊ぶといろいろ発見したことを伝えられるよ。

A くん　日によってあそびの気分もちがうから、そのときの自分の気持ちと友だちのやりたいことを大切にしないといけないと思う。

B さん　おにごっこやドッヂボールは一人じゃつまらない。みんなであそぶともめることもあるけど意見がまとまらないときにどうするかが大切だと思う。

D さん　ふだんあそばない人とともあそんだ方がいいと思う。一人であそぶのはいつでもできるけど、このクラスの友だちとあそべるのはもうこれがさい後かもしれないから。

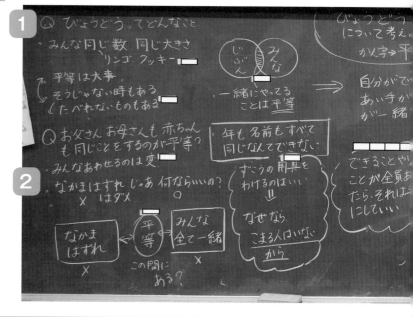

第2時 「びょうどう」について考えよ

1 本時のテーマである「びょうどう」について発表し、みんなで考えを共有する。

T 「平等」とは何だと思いますか？

C みんな同じ大きさや数にすること。

C けんかしないためにも平等は大事。

C でも平等じゃなくてもいいときもあるよ。人によって食べられないものとかあるし。

T 確かに大人も子どももすべて同じことをすることはできないよね。

C 生活がみんな違うから。

C でも「びょうどう」を漢字で書くと意味がわかると思う。「みんなができること」だから「平等」だと思う。

2 ものの大きさや数ではない、「形のないものの平等」について考えを深める。

T 仲間外れはよくない。でもみんな同じことをするのも違う。平等とは何だろう？

C みんな普通にやっていることだったり、気持ちがそろっていたりしていればそれは「平等」だと思う。

C 「仲間外れ」と「何でも一緒」の真ん中にあるものが平等なんだと思う。

C 自分と相手ができることが一緒ならそれは平等なんじゃない？

C 同じにして困る人がいないものは平等にしてあげた方がいいと思うよ。

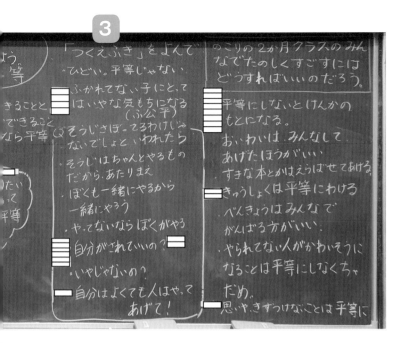

う

3 教材「つくえふき」を読んで、生活の中にある「友達同士の平等」ついて考える。

T　この話のどこが気になりましたか？

C　仲よくない子の机をきちんと拭かないのは平等じゃない。

C　この掃除のしかただと「嫌な気持ち」になる人がでてくる。だから平等じゃない。

T　でも掃除をきちんとしているからいいのではないかな？

C　掃除をちゃんとやるのは当たり前。わざと人によって変えるのがよくない。

C　「僕も一緒にやるからちゃんとやろう」って言ってあげた方がいい。

A
くん
ぜんぶ平等にできないからっていって、仲間外れや、自分だけ多くもらうのはだめ。平等にするということはみんななかよく遊んで、もらう量も一緒にすること。

B
さん
虫をさわるのがにが手な人にむ理やり虫をさわらせたり、いやな人がいるのに、それをみんなでやったりするのは平等ではない。でもだれに合わせればいいのかわからない。

C
さん
クラスのみんなの「できること」や「やりたいこと」「食べたいもの」などが全員が合っていたら、それは平等にした方がいいことだと思う。

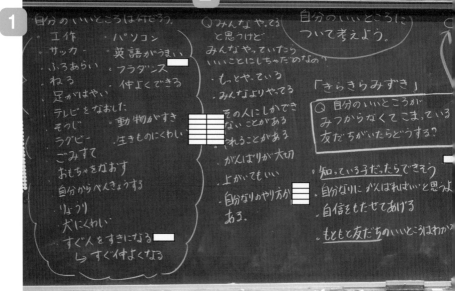

第3時 「自分のよいところ」について

1 自分のよいところを発表する。また、友達とよいところが同じでもよいかを考える。

T 自分のよいところは何だと思いますか？

C みんなと同じで私も工作が得意。

C みんなもやっていることだけど自分から進んで勉強できること。

T 「みんなもやっていることだけど…」と言っている人が多いけど、それが自分のよいところではだめなのかな？

C よいところが人と同じでもその子にしかできないことがあると思うよ。掃除が得意な子はみんなよりも細かく丁寧にやっているかもしれないし。

2 「よいところ」＝「自分にしかできないこと、その子なりの頑張り」について考える。

T 先生は「絵を描くことが得意」って思いたいけど、本当にそんなふうに思ってもいいのかな？先生より絵が上手な人はいっぱいいると思うけど…

C うん、でも先生には先生にしか描けない絵がある。

C 自分より上がいても頑張っていることがすごい。自分のやり方でいいと思う。

C ラグビーとか自分より上手な人や頑張っている人はいるけど、それをやっている自分が大切だと思う。

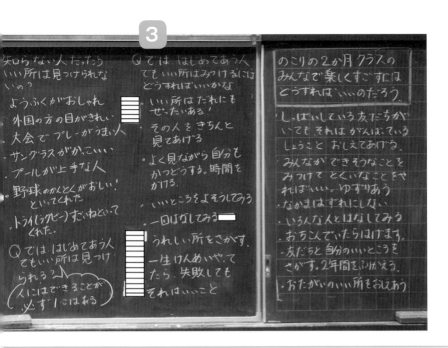

考えよう

3 教材「きらきらみずき」を読んで、自分のよいところだけでなく相手のよいところを見つけるきっかけについて考える。

T 友達だったらよいところは見つけられるけど、知らない人だったらその人のよいところは全く見つけられないのかな？

C テニスの試合で知らない子だったけどうまいなと思う子がいたよ。

C 野球の試合のときに、相手の監督が「おしい！」と言ってくれて優しいと思った。

C 人にはできることが必ず一個ある。

C じっと探していると見つかるよ。

子ども一人一人の納得解

A くん クラスで何かしっぱいしてがっかりしている人がいたら、それはその人がいっしょうけんめいやっているしょうこだと教えてあげる。もし「しっぱいしてもいいや」と思っていたらいっしょうけんめいやっていたところを教えてあげたい。

B さん わたしはこう思いました。まだ見つけていない友だちのいいところをみつけて、みんなのことをよく知って、なかよくするのが一番だと思います。あともう一個は残り2か月しかないけど、みんなそれぞれ楽しくやさしく友だちのことを考えながら生活するといいと思います。

079

［問い］

「いいクラス」になるためには、一人ひとりがどんなことを大切にすればよいだろう?

■ 実践のねらい

❶「いいクラス」という漠然としたものから、「いいクラス」のよさを知り、「いいクラス」をつくる一員である自分を自覚し、自分を見つめ、自分の在り方について考える。

❷一人ひとりが「いいクラス」にしたいという願いをもとに、自分自身の在り方を考えることを通して、みんなの考えるよりよい学級にしていこうという意欲を育む。

■「問い」と「構成」づくりのポイント

低学年のときよりも、活動範囲が増え、友達関係も広がっていく一方で、友達とのトラブルも多いのが３年生である。

１学期は新しい友達や新しい学級に緊張しながら過ごしていた子どもたちが、少しずつ本来の姿を見せていく２学期に、学級目標を振り返らせ、「学級を自分がつくること」を意識させたい。「いいクラス」に対するとらえ方を広げつつ、それに対する自分自身を見つめることができる学習を設定した。

そこで問いとして『「いいクラス」になるためには、一人ひとりがどんなことを大切にすればよいだろう?』を設定した。

３年生の子どもたちに、「いいクラスとは、どんなクラスか」と尋ねると、「みんな仲がいい」「みんなが協力できる」「楽しい」「やさしい」「けんかが少ない」「いじめがない」「自分勝手をしない」「きまりを守る」「いやなことを言わない」などが次々と挙がることが予想される。

そこで、それらについて、３つの視点①「自分のこと」、②「友達と自分の関わり」、③「学級のなかまと自分の関わり」について①〜③の順で考えてくことを伝え、子どもたちに問いについて視点を広げながら考えさせていくようにする。

■ [ユニット] 授業ストーリー

使用教科書 日本文教出版 「小学道徳　生きる力3」

第**1**時 「わかっていても、つい…」になってしまう自分に必要な考え方は?

> **主 題** 「わかっていても…」　　　　　　　　　　　　　　A(3)
> **内容項目** 節度、節制　**提示教材**「もっと調べたかったから」
>
> 第1時では、「いいクラス」について、自分の在り方を自分自身との関わりでとらえ考えていく。子どもたちからは、「いいクラス」のためには、「自分勝手なことをしない」「約束を守る」等の意見が出るであろう。そこで、夢中になったり、調子に乗ったりすると、つい度を過ごしてしまう自分自身を見つめ、よく考えて行動することの大切さやよさについて考える。

第**2**時 友達と仲よくするって、どういうことだろう?

> **主 題** 「友達の気持ち」　　　　　　　　　　　　　　　B(9)
> **内容項目** 友情、信頼　**提示教材**「たっきゅうは四人まで」
>
> 第2時では、人との関わりで考えていく。子どもたちは、「友達に優しく」「友達と仲よく」することが大切ということは、わかっているだろう。しかし、その理由について深く考える経験は少ないと考える。本時では、友達と仲よく過ごせなかったときの後ろめたさだけでなく、相手の気持ちを考えたり、仲よくできたときのよさについて考える。

第**3**時 なかまを大切にするってどういうことだろう?

> **主 題** 「仲間を大切にするということ」　　　　　　　　C(12)
> **内容項目** 公正、公平、社会正義　**提示教材**「同じなかまだから」
>
> 第3時では、集団との関わりで考えていく。「クラスの友達を大切にする」「なかまを大切」にするということは、具体的にどんなことなのかということを子どもたちは、はっきりとはとらえていない。そこで、教材をもとに、それらを具体化しながら、「なかまを大切にする」ことについて考える。そして、これまでの学習を生かして、自分自身を見つめ、問いについて再考する。

課題探求のプロセス

自己の生き方についての考えの深まり

■授業を通じて子どもが考えを深めていくための工夫

子どもの考えを深める教師の技

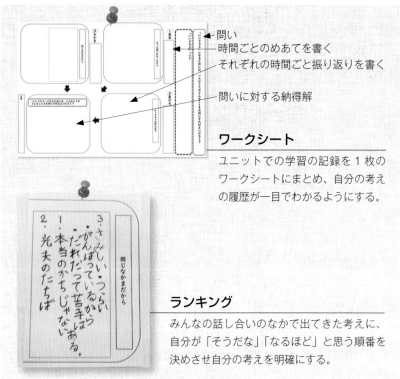

- 問い
- 時間ごとのめあてを書く
- それぞれの時間ごと振り返りを書く

- 問いに対する納得解

ワークシート

ユニットでの学習の記録を1枚の
ワークシートにまとめ、自分の考え
の履歴が一目でわかるようにする。

ランキング

みんなの話し合いのなかで出てきた考えに、
自分が「そうだな」「なるほど」と思う順番を
決めさせ自分の考えを明確にする。

指導のポイント

　ユニットを構成して授業プランをつくる場合、子どもたちが問いに対する
意識を継続してもち続けることと、積み重ねた学習の「履歴」を子どもたち
自身がわかるということが重要であると考えた。そこで、学習の流れと学習
の履歴が一目でわかるように1枚のワークシートにまとめた。

　ランキングを用いることで、なかなか自分の意見を発表できない子どもも、
ランキングという形で自分の考えを表出できる。また、ペアでの話し合いを
行う際にはランキングの付け方の違いが「？」を生み、友達に聞きたいこと
が生まれ、友達同士の話し合いにつながり、友達の考えを知ったり考えを深
めたりすることができる。

Aくん	課題探究	Bさん
[導入時の姿]		[導入時の姿]

Aくん		Bさん
自分の意見をしっかりともっている一方でなかなか周りの友達のことに心が向かない。「いいクラス」については、「楽しく遊べる」と答えていた。	課題探究	集団で遊んでいるところにはあまり姿を見かけないBさん。「いいクラス」については意見を言わなかった。ワークシートには、「きまりを守る」と書いた。
「自分も夢中になってよく怒られる」と、自分の経験と重ねながらよく発表していた。振り返りには、「ちょう子にのらないで、ストップできるようになりたい」と書いていた。	第1時	自分の意見を発表はしなかったが、「心配する」という友達の意見に納得したようだった。振り返りにも、「心配をかける」と書き、自分自身のことよりも周りの人のことを考えていた。
「とおるが、当番を手伝ってくれていたのに、一緒に遊ばないのは、とおるは損をした」と発表していた。振り返りには、「あい手の気持ちを、少しでも考えたらいい」と書いていた。	第2時	ペアトークで、「とおるはかわいそう。しゅんともう遊びたくないと思う」と話していた。振り返りには、しゅんの気持ちもとらえて、「いじわるしたら、どっちも楽しくなれない」と書いていた。
「休んだ方が…」といったひろしのわけを、勢いよく手を挙げて発表していた。「同じなかまじゃないの」といった理由のランキングでは、①「本当の勝ちじゃない」 ②「光夫の立場で考える」であった。	第3時	ギャラリーウォークでは、友達のワークシートを丁寧に見てまわっていた。ランキングの①は「本当の勝ちじゃない」。振り返りには、「クラスの人のことをちゃんと考えることだと思う」と書いていた。
[変容した姿]		[変容した姿]
「さみしそうだったら、いっしょに遊んだりしたい」とクラスの一員としての自分を見つめて、自分にできることを考えていた。		いつも友達がどんな意見をもっているのかをとても気にしてはいたが、「応援したり一緒に頑張ったらいいクラスになる」と学習を振り返っていた。

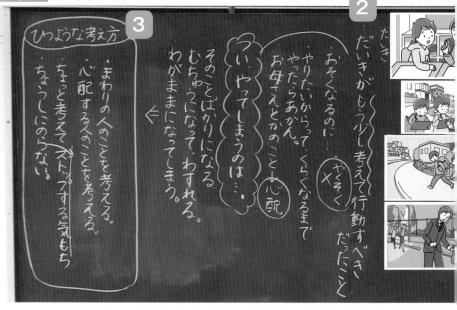

第1時 「わかっていても、つい…」になっ

1 「夢中になると」に続く言葉を自分たちの経験から考えさせる。「夢中になること」はよい面もある反面、課題もあることに気づかせるとともに、学習の見通しをもたせる。

T　みなさんは、夢中になるとどうなりますか。「夢中になると…」に続く言葉を考えましょう。

C　ごはんを食べないで、ずっとやってしまって怒られる。

C　集中してたくさんできる。

C　やりすぎる。ゲームとか、決めた時間を過ぎちゃう。

C　言うことを聞かない。

C　上手になっていく。

2 だいきの行動でもう少し考えてするべきだったこと、なぜいけないのかについて考えたうえで、わかっているのについやってしまう理由について話し合う。

T　だいきの行動で「もう少し考えたらよかったのに」と思うことは何かな?

C　暗くなるのに行ったこと。

C　暗くなるまでやっちゃったこと。

T　どうしてそう思うの?

C　家の人が心配する。

C　帰る時間を守れなかった。

T　わかっているのに、なぜやってしまったのかな。

C　夢中になった。わがまま。

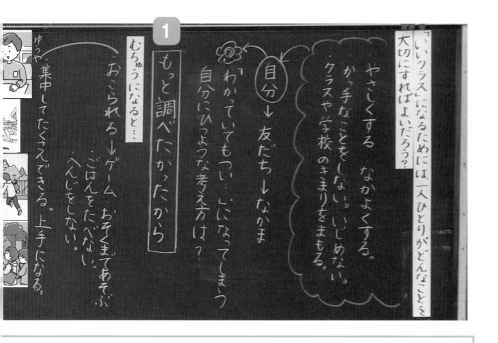

てしまう自分に必要な考え方は?

3 「つい…」になってしまうだいきに必要な考え方について考え、話し合い、共通解を見つけていく。

C 心配してくれる人のことを考える。

C 夢中になるのはいいけど、やりすぎは、あかん。

T **夢中になるのはいいの?**

C 好きなこととか、頑張れるのはいいことだけど、周りのことも考えないとだめ。

C 夢中になれるのはいいけど、だめなことはしたらあかん。

C だめなことにいきそうになったらストップしたらいいけど。

A やりたいからむりしてやったら、まわりの人が心配したりこまったりすることがあるとわかった。

B ちょう子にのってわがままになったらだめだなと思った。約束とか、まわりの人のこととかのことをちゃんとちょっと考えられるようになりたい。

C ちゃんといろいろ考えて、ストップする気持ちが大事だと思った。自分も、まわりもこまるから、そうする方がいい。

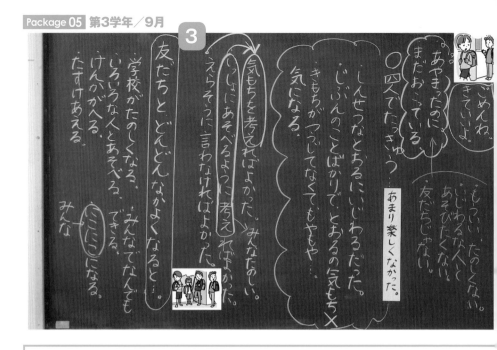

第2時 友達と仲よくするって、どうい

1 「友達と一緒にいてよかった」と思ったことを出し合わせることで、友達と過ごす喜びなど、子どもたちがもつ友達への思いを共有させる。

T　友達と一緒にいてよかったと思うのはどんなときですか。

C　いっしょに遊んでいて楽しいとき。

C　けがをしたとき。いっしょに保健室へいってくれた。すごくうれしかった。

T　どうしてうれしかったの？

C　心配して、だいじょうぶ？って言ってくれた。

2 しゅんととおるの気持ちを対比させて板書し、友達との関わりを「見える化」させてねらいに焦点化した話し合いができるようにする。

T　断った後のしゅん、断られた後のとおるはどんなことを考えたでしょう。

C　とおるは、もういいわって感じ。

C　だって、友達と思っていたのに、仲間外れみたい。

C　しゅんは、言い過ぎたかなと思っている。

C　でもしゅんは、謝ったのになんで許してくれないんって思ってる。

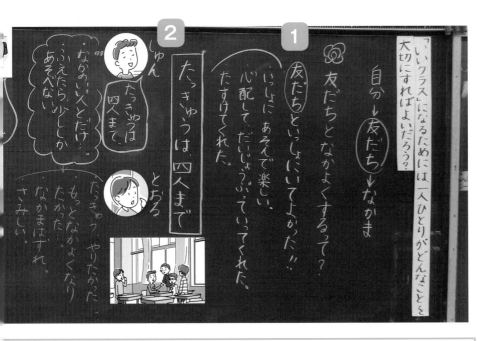

うことだろう？

振り返り［例］

3　「楽しくなかった」ことをもとに仲よくできなかったときの後ろめたさや、「こうすればよかった」という後悔をとらえさせてから、テーマに向かって話し合う。

T　**友達と、どんどん仲よくできるとどんないいことがあるでしょう。**

C　学校に来るのが好きになる。

T　**どうして？**

C　みんなで遊べて、楽しいから。

C　けんかとか減るし、困ったらいっぱい助けてもらえる。

T　**仲よしだからできることってあるかな？**

C　仲よしのほうがなんでもできる。

A くん　自分のことしか考えないのはだめだと思った。クラスの友達をもっと大事にしたいなと思った。気持ちを考えてもっとなかよくなる！

B さん　友達の気持ちを考えることが、なかよくなるコツだと思った。なかよくなったら学校が楽しくなるんだなと思った。

C さん　いじわるなことをしたら、どっちも楽しくないし、なかよくなれないなあと思った。友達の気持ちを考えたら、なかよくなれるなあと思った。

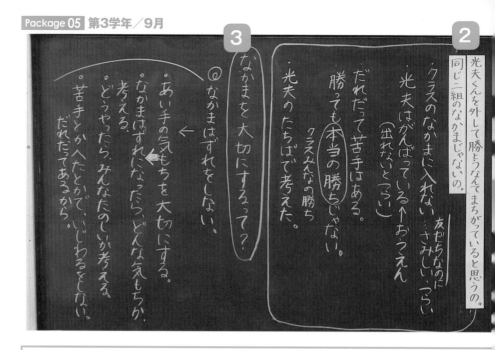

第3時 なかまを大切にするってどうい

1 「なかまっていいな」と思った経験を想起させ本時の学習のねらいを意識させるとともに、子どもたちの「なかまのよさ」についてのとらえの共有を図る。

T 友達と仲間は同じ？違う？

C 同じ！

C ちょっと違うかな

C みんなのこと。一緒にする人。

T では、「なかまっていいな」と思ったときはありますか。

C 大縄で、目標をクリアしたとき。

C 運動会のとき。みんなで頑張った。

2 とも子が「同じ二組のなかまじゃないの」と言った理由を話し合った後、各自でその理由に順番をつけさせることで、そのわけを述べながら対話できるようにする。

T とも子は手紙を読んでどんなことを考えたから「同じ二組のなかまじゃないの」と言ったのでしょう。

C できないから一緒にしないっていう仲間外れはだめ。

C 光夫は、さみしいし悲しい。

C される側の気持ちを考えないと。

T なるほどと思った順に、番号を書いて、お隣の人とわけを話してみましょう。

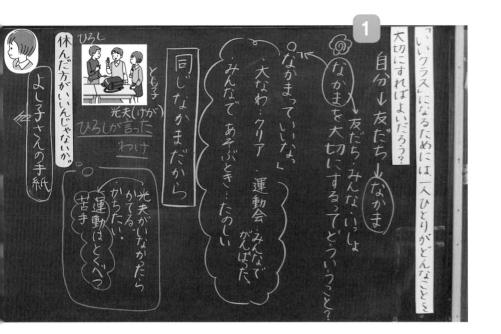

うことだろう？

3 本時のテーマについて自分の考えをノートに書いてからギャラリーウォークで友達の考えを取り入れ、その後みんなで話し合う。

C 仲間外れをしないこと。

T どんなことを大切にすれば仲間外れが起こらないのかな。

C 仲間外れになったときの気持ちを考える。

C 自分自分じゃなくて、友達に優しくする。

C 誰でも苦手とかあるから、みんなで楽しくできるように考える。

子ども一人一人の納得解

A くん 「いいクラス」って、みんながやさしいクラスだと思った。ぼくは、なかのいい人としか遊んでなかったので、いろいろな人と一しょに遊んだらいいと思った。

B さん みんなで、がんばれるのがいいクラスだと思った。わたしは、もうちょっと、友達を応援したい。

C さん ふだん遊ばない人もクラスのなか間だから、一しょにやろうって思ったらいい。

D さん 友達の気持ちを考えること。

［問い］

自分にとって失敗とは何だろう？

■ 実践のねらい

❶ 物ごとに失敗しても、よりよい自分になろうとする強い心をもっていることに気づく。そして、自分でやろうと決めたことは、諦めずに努力してやり抜くことや、広い心で他者の失敗を許そうとする心情をはぐくむ。

❷「自分にとって失敗とは何だろう？」というユニットの問いを自分自身の問題ととらえ、友達の価値観や教材の登場人物の生き方を生かし、自らの納得解を形成することができる。

■「問い」と「構成」づくりのポイント

　今後の変化の激しい社会では、答えが定まっていない問いに挑戦していかなければならない。挑戦には、失敗がつきものである。そこで、失敗をテーマにユニットを構成した。

　まず、子どもの実態を把握するためにアンケートを実施した。質問項目は、「今までに、目標に向かって頑張ったけれど、うまくいかなかったことはあるか」「そのとき、どのような気持ちになったか」の2点である。その結果、学校のテストや運動、習いごとでの失敗を経験しており、多くの子どもが「悔しかった」「次は頑張ろう」と前向きなとらえ方をしていることがわかった。

　それらの回答のとおり、子どもは、難易度の高い授業の課題にも積極的に挑戦している。一方で、自分の思いどおりに作業が進まなくなると諦めてしまったり、友達が何かを間違えると責めたりする姿も見られる。

　そのため、「努力と強い意志」「相互理解、寛容」の内容項目を扱い、自分でやろうと決めたことは最後までやり抜くことや、広い心で他者の過ちを許すことの価値への理解を深めさせたいと考えた。

　最後に、ユニットを束ねる問いとして「自分にとって失敗とは何だろう？」を設定し、失敗への価値観の再考を促すユニットを構成した。

■[ユニット] 授業ストーリー

使用教科書 日本文教出版「小学どうとく　生きる力3年」

第1時 どんな気持ちでがんばることが大切なのだろう？

> **主　題**「やろうと決めたことは最後まで」　　　　　　　　　　A(5)
>
> **内容項目** 努力と強い意志　**提示教材**「きっとできる」(出典:文部科学省『私たちの道徳』)
>
> 高橋尚子選手が、自分への挑戦を続けたことの価値を考えることを通して、自らの弱い心に打ち克ち、自分でやろうと決めたことを最後までやり抜こうとする心情を育てることをねらいとした。子どもが、失敗への学習当初の価値観をしっかりと表現できるように、高橋選手に自己を投影できるような情報提示や発問構成を心がけた。

第2時 あきらめそうなときに、自分を支えてくれるものは何だろう？

> **主　題**「強い意志をもって」　　　　　　　　　　　　　　　A(5)
>
> **内容項目** 努力と強い意志　**提示教材**「まねっこレミ」(出典:NHK for School『ココロ部』)
>
> 一輪車の練習に再挑戦したレミの姿から、諦めそうなときに自分を支えてくれるものを考え、苦しくても諦めず、努力してやり抜こうとする実践意欲と態度を育てることをねらいとした。第1時の振り返りでは「諦めないことが大切」など理想を語る記述が多かったため、自分こととして探求し、具体を含む価値が見いだせるよう配慮した。

第3時 友達が失敗したときに大切な心とは？

> **主　題**「相手とわかり合って」　　　　　　　　　　　　　　B(10)
>
> **内容項目** 相互理解、寛容　**提示教材**「心をしずめて」
>
> 絵を汚されたときのともみの言動を比較することを通して、穏やかな気持ちになることによさに気づき、互いに相手のことを理解し、尊重しようとする心情を育てることをねらいとした。第2時までは、自らの失敗に焦点を絞り問いを探求してきた。本時では、探求の範囲を広げ、他者の失敗との向き合い方を考えさせた。

課題探求のプロセス

自己の生き方についての考えの深まり

■授業を通じて子どもが考えを深めていくための工夫

子どもの考えを深める教師の技

OPP シート

堀哲夫氏によって開発された自己評価の手立て。各時間の学習目標と成果を1枚の用紙に可視化していく。学習の連続性を子どもに自覚させることで、考えの深化を促す。

事前アンケート

発問に対し子どもが、自分ごととして正対できていない際に、アンケート結果を提示することで、経験にもとづく納得解を紡ぐきっかけをつくる。

アンケートから

・てつぼうでさかあがりを目ひょうにしたけどうまくいかなかった。

➡ **くやしかった**

・テストで高い点を取りたかったけれど取れなかった。

➡ **悲しい気持ちになりました。**

指導のポイント

【OPP シート】 ユニットの問いへの考えを深めていくためには、子ども自身が学び方を自己調整しつつ、前後の学習を関連づけていく必要がある。また、子どもが OPP シートを活用するのみならず、教師が、子どもの考えの深まりの成果と課題を見取り、次時以降の指導の改善に生かすように努める。

【事前アンケート】 他者や教材との対話のみならず、経験を踏まえた自分自身との対話を行うことで、納得度が高い価値観を形成することができる。第1時では、高橋選手の生き方に子どもは感化され、「努力は大切」と発言した。その後、上記のスライドを提示し、結果にこだわる自分たちの姿と比較させたことで、「誰にでも失敗はある」など経験にもとづいた考えが続いた。

Aさん

[導入時の姿]

「学習前の考え」には、「失敗は、はずかしい。人にめいわくをかけるかもしれないし、はずかしさがますから」と記述していた。失敗への否定的な考え方が見られた。

第1時

「尚子選手が、小さいときに泣いていたのがびっくりした。でも、ほかの人と勝負しないで、自分のすきなことをつづけたから金メダルを取れたと思う。今日のじゅ業で、『自分と戦うこと』が1番大切だと思った」とOPPシートにまとめた。

第2時

「自分や自分の心が支えてくれると思った。理由は、『自分がこうしたい』という気持ちがないと、努力をつづけられないから」とワークシートに記述していた。導入時には、周囲の目を気にしていたが、努力や強い意志の価値に気づいていた。

第3時

「わたしも前に友達に悪口を言って泣かせてしまったことがある。あやまってもまだ、ゆるしてくれない。だから、あき子さんの気持ちがわかる。これからは、友達が失敗したときに、おこらないでゆるしてあげたい」とまとめた。

[変容した姿]

「学習後の考え」には「友達の『だれもが失敗する』『自分の心が大切』とかの意見を聞いて考えが変わった」と記述し、失敗の肯定的な側面に気づくことができた。

Bくん

[導入時の姿]

「学習前の考え」には、「失敗はせいこうのもとで、次にせいこうすればいいだけ」と記述していた。日頃から失敗を恐れず何ごとにも積極的に取り組むことができる。

第1時

「努力をやめてしまうとその努力がもったいない。1回やめてしまうとまた一から立て直して、また次に違うことをやっていって、全部中途半端に終わっちゃう。自分のやりたいことがどんどんなくなる」と授業中に発言した。

第2時

「友達とかも大事だけれど、1番は、あきらめない気持ちが大事。人がんばっているとか支えてくれるから、自分ががんばるのではなくて、自分自身のやりたいことに向かって努力をすることが大切だから」と本時の学習成果をまとめた。

第3時

友達の失敗に対し「許してあげる」という考えが発表されるなか、「友達が失敗したときに許すだけではなくて、自分の本当の気持ちも伝えた方がよい。我慢してしまうと、いつか大きなけんかになってしまうと思うから」と発言した。

[変容した姿]

「学習後の考え」には、「ぼくは今まで友達の失敗をせめることがあった。失敗は悪いことではないから、やさしくしたい」と記述し、寛容に対する価値理解を深めた。

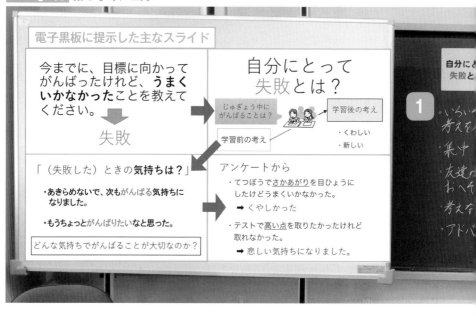

電子黒板に提示した主なスライド

今までに、目標に向かってがんばったけれど、**うまくいかなかったこと**を教えてください。

➡ 失敗

「（失敗した）ときの**気持ちは？**」

・あきらめないで、次もがんばる気持ちになりました。

・もうちょっとがんばりたいなと思った。

どんな気持ちでがんばることが大切なのか？

自分にとって
失敗とは？

じゅぎょう中にがんばることは？

学習前の考え ➡ 学習後の考え
・くわしい
・新しい

アンケートから

・てつぼうでさかあがりを目ひょうにしたけどうまくいかなかった。
➡ くやしかった

・テストで高い点を取りたかったけれど取れなかった。
➡ 悲しい気持ちになりました。

第1時 どんな気持ちでがんばることが

1 ３時間の問いを設定し、OPPシートに「学習前の考え」を書く。そして、その考えをより詳しく、新しくするために３時間で頑張りたいことを考える（グループ・モデレーション）。

T いま書いた考えをもっと詳しくしたり、新しい考えにしたりするために、みんなでどんなことを頑張りたいですか？

C いろいろな考えを発表する。

C ４年生に向けて集中して勉強する。

C 発表している友達におへそを向けて聞く。

C ただ聞くだけではなくて、自分で考えながら勉強を進めていく。

2 教材「きっとできる」を読み、「泣きながらお父さんとお兄ちゃんを追いかけているときの尚子は、どのような気持ちだったと思うか」を考え、金メダル獲得までの苦労を理解する。

T （場面絵を提示し）尚子さんは泣いていますね。お父さんやお兄ちゃんを追いかけているときどんな気持ちだったと思いますか？

C 全然お父さんやお兄ちゃんに追いつけないから、いやな気持ち。

C 二人のようにもっと速く走れるようになりたい。

C 何で自分はお父さんやお兄ちゃんに追いつけないのだろう。

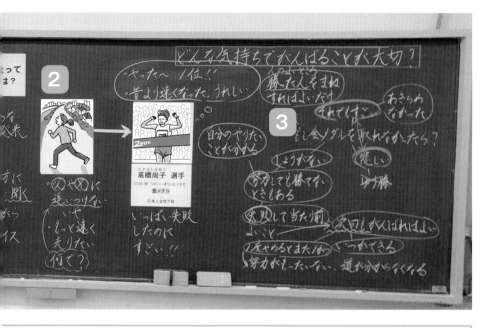

大切なのだろう？

3 挑戦を続けることの価値を理解するために、「もし尚子が金メダルを取れていなかったら、あなたはどう思うか」について考え、本時の問いへの共通解を見いだす。

T　目標を達成できなくても、すごいと本当に思える？

C　最後まで諦めずに頑張ったからすごい。

C　すごい。努力しても勝てないときもある。失敗しない人はつまらない。

C　失敗したら、次からは新しいやり方でやってみようって思うから、失敗はよいことだと思う。

C　努力するとやりたいことがわかる。

> **A さん**　失敗はだれにでもおこるという気持ちでがんばる。なぜかというと、努力しても勝てないときもあるから。失敗して当たり前だと思う。

> **B くん**　あきらめないでがんばる気持ちが大切。尚子さんもあきらめないでずっと練習していたから、オリンピックでゆう勝できたから。

> **C さん**　くやしいという気持ちをどうやって、がんばろうという気持ちにするのかが大切だと思います。尚子選手みたいに「一つの道」を歩むために大切。

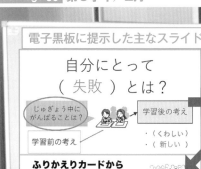

電子黒板に提示した主なスライド　1

自分にとって
（ 失敗 ）とは？

じゅぎょう中に
がんばることは？

学習前の考え

学習後の考え
・（ くわしい ）
・（ 新しい ）

ふりかえりカードから

・次回もがんばればいい。
りゆうは、失敗をくりかえして、
せいこうをいつかするから。

・くやしいという気持ちをどうやって
「がんばろう」という気持ちにするのかが
一番大切。

じゅぎょう中にがんばることは？

・友達の話をよく聞く。
・発表している友達に
おへそを向ける。
・考えながら勉強を進め
る。
・友達からアドバイスを
してもらう。

・しずかにする。
・（4年生に向けて）
集中する。
・（大きな声で色々な）
考えを発表する。

あきらめそうなときに、

自分を

支えてくれるものは？

自分にとって
失敗とは？

第2時　あきらめそうなときに、自分を

1 OPPシートの振り返りの記述から前時の学習を想起し、本時の問いを設定する。また、OPPシート右上の「がんばりたいこと」を参考にして、学び方の目標を立てる。

T　振り返りカードにこのような記述がありました（電子黒板に提示）。「次回もがんばればいい。理由は、失敗をくりかえして、成功をいつかするから」。多くの人が、頑張ることの大切さを書いていました。頑張ることは先生も大切だと思いますが、それでも諦めそうなときがあると思います。そのようなときに自分を支えてくれるものとは何でしょう？

2 教材「まねっこレミ」を視聴し、レミが一輪車を捨てたときと、再度一輪車の練習に取り組み始めたときの気持ちを考え、失敗の苦しみを乗り越えたレミの心情を追体験する。

T　レミが一輪車の練習をもう一度始めたときの気持ちは？

C　捨てなくてよかった。

C　森下君とまた二人で練習できるからうれしい。

C　練習すればいつか達成感があると思う。

C　なんで私はいままでいろいろと諦めてしまっていたのかな？　頑張ればいつかできるはずなのに。

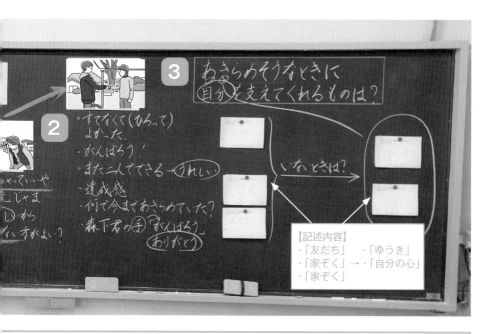

【記述内容】
・「友だち」　・「ゆうき」
・「家ぞく」→・「自分の心」
・「家ぞく」

支えてくれるものは何だろう？

3 失敗というテーマに自分ごととして正対するために、「諦めそうなときに、自分を支えてくれるものは何だろう？」という問いについて考え、強い意志をもつことの価値に気づく。

T　では、あなたが諦めそうなときに支えてくれるものは何ですか？

C　友達。落ち込んでいるときに励ましてくれるから。

T　先生も、友達や家族が自分を支えてくれています。もしも友達や家族がいなかったら、みなさんは諦めてしまいますか？

C　勇気。失敗したときに、勇気があるとやる気が出てくるから。

A さん　「これをやりたい」という自分の気持ちが大切だと思った。あきらめないでがんばるときに自分の気持ちが支えてくれると思うから。

B くん　自分ならできるという心が自分を支えてくれる。いつでも親や友達がおうえんしてくれるわけではないから、自分の心を支えるじゅんびをしておきたい。

C さん　まわりのみんな、自分の心、自分のゆめがあったからレミもがんばる気もちが出てきた。わたしも「自分をしんじるゆう気」をもっていきたい。

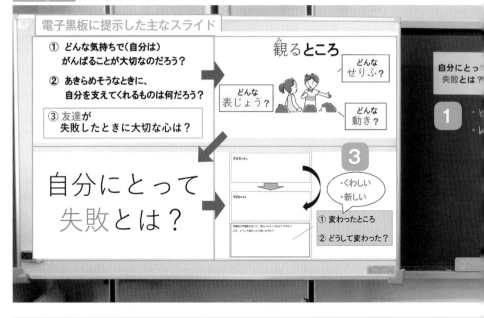

電子黒板に提示した主なスライド

① どんな気持ちで（自分は）
　がんばることが大切なのだろう？

② あきらめそうなときに、
　自分を支えてくれるものは何だろう？

③ 友達が
　失敗したときに大切な心は？

観るところ

どんな
せりふ？

どんな
表じょう？

どんな
動き？

自分にとって
失敗とは？

3

・くわしい
・新しい

① 変わったところ
② どうして変わった？

自分にとって
失敗とは？

1

第3時 友達が失敗したときに大切な

1 友達の失敗について考えることを確認し、誰かに腹を立てた経験を想起する。その後、教材「心をしずめて」を読み、ともみの絵を汚してしまったときのあき子の気持ちを考える。

T 誰かに腹を立てたことはありますか？

C 弟がプリントに落書きをしたとき。

C 友達に悪口を言われたとき。

T （教材を読み）ともみの絵を汚してしまったとき、あき子はどのような気持ちだったでしょうか？

C どうしよう。謝らなくちゃ。

C 謝ったら許してくれるかな。

2 絵を汚されたときのともみの言動（①教材通りに怒る、②自分で考えた言動）を役割演技を通して比較し、穏やかな気持ちになることのよさに気づく。

T 「ごめん、ともみちゃん」と言われたときに、あなただったらどうしますか？　演技をしてみましょう。

C あっ、ごめん、ともみちゃん。わざとじゃないの。本当にごめんね。

C いいよ。また描けばいいもん。

T やってみてどんな気持ちになりましたか？

C 怒るより許してあげた方がすっきりした気持ちになる。

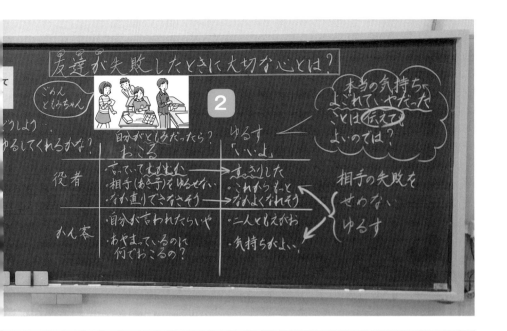

心とは？

3 3時間の学習を振り返り、OPPシートに「学習後の考え」と「学習前と学習後を比べて、変わったところ」を記入し、自己の学びへの価値づけを行う（グループ・モデレーション）。

T 1回目の高橋選手についての授業で大切だと思ったことは何ですか？

C うまくいかなくても、努力することで自分の夢に近づけること。
（第2時、第3時も同様に確認する）

T 今日まで「自分にとって失敗とは何だろう？」について考えてきました。いまの自分の考えを書きましょう。

C 失敗は、誰でも当たり前にするから、野球でミスをしても頑張りたい。

A さん 友達がどんな気持ちなのかを考える心。失敗してきずついているかもしれないし、ふざけているかもしれないから。できるだけゆるしてあげたいです。

B くん 本音を言う心が大切だと思います。自分も相手もずっとがまんしていたら、ともみとあき子みたいになか直りできないからです。

C くん ぼくはたぶんおこってしまうと思う。でも、本当の友達なら、せめないであげたい。そうしないと、その子が失敗しないようにこわがってしまうから。

[問い]

自ら考え、判断し、行動するために大切なことはどんなことだろう？

■ 実践のねらい

❶ 4年生の3学期は高学年への準備期間であり、それぞれに大きな希望をもって過ごす時期でもある。この実践を通して学校教育目標である「自ら考え、判断し、行動する」姿を意識して行動しようとする意欲を高めていく。

❷ 自ら考え、判断し、行動するためにどんなことが大切なのかを自分なりの考えと比べながら、ユニットの授業を進めていくことでいまの自分の考えからより多面的・多角的な見方ができるようにする。

■「問い」と「構成」づくりのポイント

「自ら考え、判断し、行動する」という学校教育目標ではあるが、どの学校でも大事にされなければならないことだと考えている。子どもの姿としては、「失敗してもよい」「どんな答えも正解」と言われ、進んで取り組むことの重要性を教えてこられたはずであるが、まだまだ指示待ちにならざるを得ない状況がある。そこで自ら進んで行動するために、学校教育目標にある「自ら考え、判断し、行動する」ための問いが大切だと考えた。ユニットの構成については、高学年になるとさらに幅広く考えられるが、4年生の段階では、「自ら考え、判断し、行動する」ことについて考えていくことを大事にしたい。そのために「節度、節制」「親切、思いやり」「善悪の判断、自律、自由と責任」という3つの内容項目がより行動と直結するものだと考え、ここを中心としたユニット構成としていきたい。

高学年ではさらに「感謝」「公正、公平、社会正義」などの内容項目を加えて、よりこのテーマについて深めていけるのではないかと考えている。

■[ユニット] 授業ストーリー

使用教科書 日本文教出版「道徳 4 生きる力」

第1時 よくばりな心から考えよう

> **主 題** 「よくばりな心」 A(3)
>
> **内容項目** 節度、節制 **提示教材** 「金色の魚」
>
> 第 1 時では、「自ら考え、判断し、行動する」という学校教育目標に向かって学習することを伝え、学校教育目標を達成するためにどんなことが大切なのかについてそれぞれが考える。考えたものを発表し合いそれぞれの学習課題を設定する。その後、3 つの話から中心発問をもとに学習課題について学んだことや新たに気づいたことをワークシートに記録していくという見通しをもって進める。

第2時 思いやりから考えよう

課題探求のプロセス

> **主 題** 「思いやる心」 B(6)
>
> **内容項目** 親切、思いやり **提示教材** 「三つのつつみ」
>
> 第 2 時では、第 1 時での学習の振り返りをし、単元の学習課題を意識して、本時の学習に取り組む。話のなかで、自ら考え、判断し行動している人を探し、それについて自分の思いをまとめ、伝え合う。中心発問について考え、伝え合うなかで内容項目についての思いを深める。最後に第 2 時までの学習を振り返って感想を書く。このように進めることによって前時の学習からの続きであることを意識して第 3 時へつないでいく。

第3時 正しいと判断したことは自信をもって行うことから考えよう

> **主 題** 「正しいと思ったことは自信をもって」 A(1)
>
> **内容項目** 善悪の判断、自律、自由と責任 **提示教材** 「よわむし太郎」
>
> 第 3 時では、第 2 時での学習の感想から振り返りをし、本時の学習に取り組む。話のなかで、自ら考え判断し行動している人を探し、それについての自分の思いをまとめ伝え合う。ここでは第 2 時の学習の流れと同じなので、「なぜそう思うのか」「〜は自ら考え判断し、行動していないのか」など切り返しの発問を入れて深めていく。中心発問を考えた後、いままでの考えをもとに第 1 時の単元での発問をもう一度振り返り、単元の課題を整理する。

自己の生き方についての考えの深まり

■授業を通じて子どもが考えを深めていくための工夫

子どもの考えを深める教師の技

単元が見渡せ、見通しをもつためのワークシート

授業の見通しをもつために3時間分のワークシート（B4見開き。掲示するのであれば、A3見開きがよい）を用意することで予習や復習が可能となる。

表紙　　**1、2時間目**　　　　　　　　**3時間目**

切り返しの発問

この授業はどの時間も「自ら考え、判断し、行動している人は誰ですか」という問いがある。第1時より第2時、第3時に進むにあたって、「他にはいないですか」「～は違うのですか」と揺さぶることでより深く考えることができる。

♪ 指導のポイント

　学習の流れがスムーズにいくように、「自ら考え、判断し、行動しているのはどの人なのか」を見つけることと、その教材の中心発問についてはすべての時間で同じように進めていった。ただし、学習がスムーズすぎると、子どもたちは決まった視点からしか考えなくなる怖れがあるので、第2時からは「どうしてそう考えたのか」「他にはなかったのか」を問うことで、いろいろな視点で考えることが大事であることを伝えていく。

　また、単元の最後には「この単元からどのような学びがありましたか」と問うことで、第1時からのワークシートを見直しながら考える時間を設定する。そうすることで単元として学んだことを幅広く考えることができ、生活のなかにもつながっていく。

	Aさん	課題探求のプロセス	Bさん

Aさん

[導入時の姿]

> 学習場面では意見も活発であり、リーダー的存在である。周りの子どもたちとのコミュニケーションも活発で一目置かれている。

第1時

みんなで同じことをしていけばよりよくなっていくのではないかと考えていた。「よくばることで周りの誰も得した気持ちにならないので自分も気をつけていきたい」と発言していた。友達の意見でいいなと思ったところは赤でつけ足すなどしていた。

第2時

積極的に自分の意見を伝えていた。相手への思いやりが大切だと思うことと共に自分の考えや行動は本当に思いやりになっているのだろうかと振り返っていた。また、人のためにできることについて考えていた。

第3時

自ら考え、判断し、行動するために大切にしなければならないことがたくさんあるということがわかった。いろいろな心を育てていくと学校教育目標のような自ら考え、判断し、行動することが誰かの役に立つのではないかと記述していた。

[変容した姿]

> クラスのことだけでなく、他学年（特に下の学年）のことにもアンテナをはり、きまりについて考え、学校生活をよりよくしてしこうとしていた。

課題探求のプロセス

Bさん

[導入時の姿]

> 前に出て話すことやコミュニケーションが苦手である。日常からいろいろな思いや考えを日記や感想などでたくさん表現することはできる。

第1時

自ら考え、判断し行動するために大事なことという点では、周りは助けてくれないので自分自身でしっかり考えていかなければならないということが大事だと思っている。
授業では自分は人に迷惑をかけないようにという思いをもっていた。

第2時

自ら考え、判断し、行動するためには相手への思いやりも一つの要素であると感じていた。
クラスの中ではなかなか発言することがむずかしいが、グループのなかで相手のことを考えることも自ら考える大切なことであると話していた。

第3時

正しいことが何なのかを自分の思いだけで考えるのではなく、周りのことをよく見て、よく考えて進めなければならないという思いをもっていた。また、こういったことがいじめをなくすことにつながるのではないかと振り返りに書いていた。

[変容した姿]

> 自分の思いを整理して話し合うことを繰り返すことで、自分の考えを教師だけでなく、周りの友達に積極的に発信することができるようになってきた。

黒板の書き込み（右から左へ）：

最後はわがままがいやでにげた

おじいさんのおねがいを聞いた

わがままをおじいさんに言っていた

おばあさん

もとにもどった。おばあさんはどんなことを考えたでしょう

③

よくばらなければ良かった

よく考えておけば…

いやなことを言ってしまった

次はぜいたくはらない

わがままはダメ

第1時 # よくばりな心から考えよう

1 単元の課題についての思いや考えを伝え合うことで、自分の思いを整理して単元の学習への心構えをつくる。

T　わが校の学校教育目標を達成するためにどんなことが大切ですか。自分の思いや考えを伝え合いましょう。

C　どうしたらよいのかをよく考えて行動することが大事。

C　よいことと悪いことをきちんと考えることが大切だと思う。

C　自分の決めたことに責任をもつこと。

C　よくばらないことかな。

2 教材「金色の魚」を提示した後、自ら考え、判断して行動している人を見つけ、理由を考える。

T　登場人物の中で誰が自ら考え判断し行動していますか。

C　おじいさんだと思う。おばあさんに言われていたけど判断はおじいさんがしたから。

C　おばあさんも、わがままなことを言っているが自ら考え判断しているのではないか。

C　金色の魚は、最後はわがままを受けて、やめるということをしている。

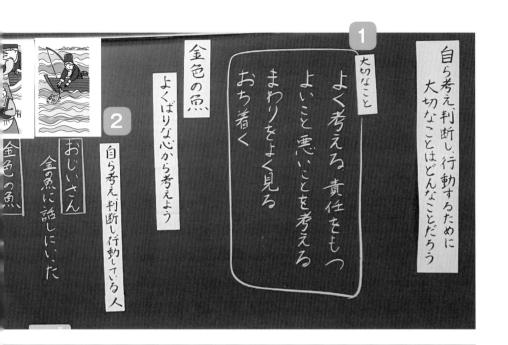

3 中心発問での自分の考えを整理し、伝え合い、本時の感想をまとめる。

T 元の姿にもどったおばあさんはどんなことを考えたでしょう。

C 自分勝手なことを言ってはいけなかった。

C もっと人の役に立つことを考えていればよかった。

C よく考えてから動かないとこんなふうになってしまうのかと思った。

C よくばるとろくなことにならない。

C 次に金色の魚に出会うことがあったら、よくばるのをやめたい。

振り返り［例］

A さん あんまり考えたことがなかったけれど、学校教育目標のことをこの3時間でしっかりと考えてみようと思いました。自ら考えるときによくばりはいけないと思います。自分にできることが見つかりそうです。

B さん 初めて学校教育目標について考えてみました。わたしが大切にしていることはよくばってめいわくをかけないということです。

C さん 学校教育目標のことを考えるのはむずかしかったです。金色の魚みたいにわがままなことを言われたら逃げます。

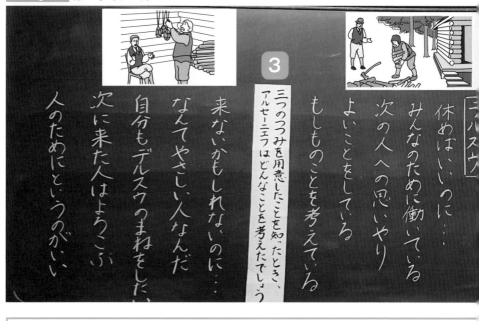

（板書）

三つのつつみを用意したことを知ったとき、アルセーニエフはどんなことを考えたでしょう。

・休めばいいのに…
・みんなのために働いている
・次の人への思いやり
・よいことをしている
・もしものことを考えている

・来ないかもしれないのに…
・なんてやさしい人なんだ
・自分もデルスウのまねをした、
・次に来た人はよろこぶ
・人のためにというのがいい

第2時 思いやりから考えよう

1 前時を振り返り、本時と単元の目標を確認し、心構えをつくる。

T　前の時間の感想を教えてください。

C　学校教育目標のことをあんまり考えたことがなかったのでこれから大事なことを学べると思った。

C　よくばらないことは大事なことだと思った。

C　おじいさんがかわいそうだと思った。

T　今日は「三つのつつみ」の話や思いやりから学校教育目標について考えてみましょう。

2 教材「三つのつつみ」を提示した後、自ら考え、判断して行動している人を見つけ、理由を考える。

T　登場人物の中で誰が自ら考え判断し行動していますか。

C　デルスウだと思う。みんなのために働いているから。

C　つけ足しで、次の人のために考えて行動しているから。

T　来ないかもしれないなら自分で持っていく方がよいのではないですか。

C　でも来たときに何もなくて凍え死ぬかもしれない。もしものために用意しておくことは大事だと思う。

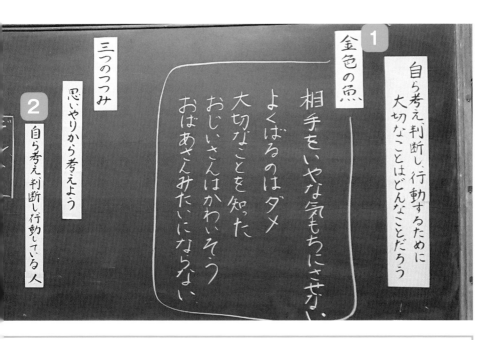

金色の魚 1

自ら考え、判断し、行動するために大切なことはどんなことだろう

相手をいやな気もちにさせな、
よくばるのはダメ
大切なことを知った
おじいさんはかわいそう
おばあさんみたいにならない

三つのつつみ

思いやりから考えよう

2 自ら考え、判断し行動している人

---

3 中心発問での自分の考えを整理し、伝え合い、本時の感想をまとめる。

T 三つのつつみを用意したことを知ったときアルセーニエフはどんなことを考えたと思いますか。

C 次の人のことを考えていてとても思いやりがあるなあと考えた。

C 自分より人を優先する優しい人だと考えた。

C 思いやりのある行動ってとても大事なことだなと思った。

C 人のためにというのがいい。私も見習いたいと思った。

A さん
自ら考えるためにはよくばらないことや思いやりをもつことなど人のために考えるということが大事なのではないかと思いました。自ら考えるために大切なことを学びました。

B さん
思いやりも大事なことだと思った。思いやりが広がれば、いやな思いをしないですむと思った。

C さん
学校教育目標には結こう大切なことがふくまれているのではないかと思いました。自分には何ができるかを考えていきたいです。

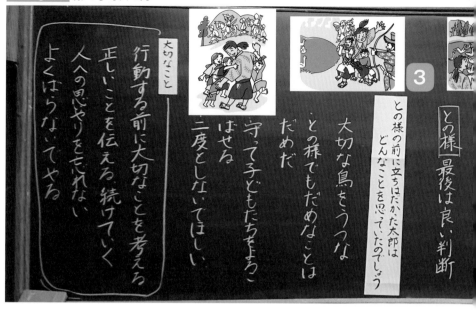

大切なこと

行動する前に大切なことを考える
正しいことを伝える、続けていく
人への思いやりを忘れない
よくはらないでやる

との様の前に立ちはだかった太郎は
どんなことを思っていたのでしょう

大切な鳥をうつな
との様でもだめなことは
だめだ
守って子どもたちをよろ
ばせね
二度としないてほしい

との様
最後は良い判断

第3時 正しいと判断したことは自信を

1 前時を振り返り、本時と単元の目標を確認し、心構えをつくる。

T　前の時間までで学んだことなど感想を教えてください。

C　2時間目にもいろいろと学校教育目標について考えることができてよかった。

C　よくばらないこととか人に親切にするという思いが自ら考えることにつながると思った。

T　今日は単元最後です。3時間分のお話をもとにして学校教育目標について考えていきましょう。

2 教材「よわむし太郎」を提示した後、自ら考え、判断して行動している人を見つけ理由を考える。

T　登場人物の中で誰が自ら考え判断し行動していますか。

C　太郎の動きは大事なことが何なのかをよく考え、判断したうえでの行動だと思う。

T　との様や子どもたちはどうですか。

C　はじめは、だめだと思ったけど、太郎の話を聞いてからは自ら考え、よい判断をしたと思う。

C　太郎にいたずらしたり、はやし立てたりするのは違うと思う。

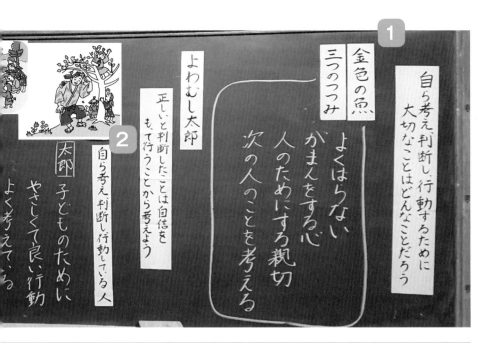

もって行うことから考えよう

3 中心発問での自分の考えを整理し、伝え合い、3時間の感想をまとめる。

T との様の前に立ちはだかった太郎はどんなことを思っていましたか。

C 「やってはいけないことはやってはだめだと伝えよう」

C 「怖いけれど、子どもたちのためにダメなことはダメだと言いたい」

T 3時間分の学びを振り返って、学校教育目標について考えてみましょう。

C 自ら考え、判断し、行動するためには大事にしなければならないことがいくつもあるなと思った。

A さん 自ら考え、判断し、行動するためにはたくさん大切にしないといけないことがあると思いました。これからも考えるために大切にしたい心を育てたいです。最後にやり通すことの大切さも知ることができました。

B さん こうやってみんなが学校教育目標のことを考えるときっといじめがなくなるんじゃないかと思う。

C さん 今日は正しいことをきちんと伝えることの大切さを知りました。本当に正しいことなのかを人のことも思ってよく考えてから判断していきたいと思いました。

[問い]
「きまり」の大切さについて考えを深めよう

■ 実践のねらい

４年生の子どもたちは、２年間の低学年期を経て中学年期の真っ只中の発達段階にあり、心身ともに大きく成長していく時期である。１年が過ぎると高学年の仲間入りを果たし、今後は小学校のリーダーとして成長していくことが望まれる。本実践では、３つの教材を読んで意見を交流させることを通して、自分や周囲の人たちへの気配りや心遣いの大切さについて学びを深め、誰もが過ごしやすい学校にしていくためにどのように行動していきたいかを考えさせることをねらいする。

■「問い」と「構成」づくりのポイント

本パッケージ型ユニットは、「きまり」について３つの教材を通して考えを深め、これからの生活に生かそうとする実践意欲や態度を育てることをねらいとしている。この発達段階の子どもたちは、周りの人たちとの関わりが活発になるにつれてすれちがいや勘違いも増え、児童指導にかかる時間も増えてくると考えられる。

そこで、第１時には「なぜ世の中には『きまり』があるのか」という課題について、教材を通して考えを深め、本ユニット全体の学習の方向づけを行う。第２時には、「『き

まり』があることによって自分たちの生活が守られている」ことに気づかせる。そして第３時では、自分たちがこれから学校生活を営むにあたって、「いまどのようなきまりがあり」「みんながどのようにきまりと関わって生活しているか」、そして「いまあるきまりを変えていく必要があるか」といった、自分たちの生活に根ざした具体的な課題について考えを深めさせる。

このような３時間のユニット学習で、「権利」と「義務」について考える土台をつくり、次学年への足がかりとする。

Typeについてはp.28の図7を参照

■[ユニット]授業ストーリー

使用教科書 光村図書「道徳4　きみがいちばんひかるとき」

課題探求のプロセス

第1時 なぜ「きまり」があるのだろう？

主　題「正しいことを行う勇気」　A(1)

内容項目 善悪の判断、自律、自由と責任　**提示教材**「スーパーモンスターカード」

本教材は、お店のものをとろうとしてしまう大地を「ぼく」が止めるが、「どうしてもほしかったんだ」と肩を落とす大地に「ぼく」はなんと声をかければよいか考えていた、という内容である。大地や「ぼく」の行動を通して、「きまり」がある意味について少人数班で意見を交流させ、「きまり」の存在意義について個々に考えを深めさせ、ユニット全体を見通した学習課題を立てさせる。

第2時 なぜ「きまり」をまもらないといけないのだろう？

主　題「『きまり』はなんのために」　C(11)

内容項目 規則の尊重　**提示教材**「雨のバス停留所で」

本教材では、雨のなか、店の軒下に列をつくる人たちを後目にバスに1番に乗ろうとするよし子の姿を通して、「なぜきまりを守らないといけないのか」「きまりがない場合は、何をしても自由なのか」といった疑問について、子どもたちの考えを互いに共有させながら、「きまり」についての考えをさらに深めさせる。

第3時 どのように「きまり」と関わっていくとよいのだろう？

主　題「みんなの場所で」　C(11)

内容項目 規則の尊重　**提示教材**「このままにしていたら」

本教材では、飛んでいったビニール袋をそのままにしてしまい、あとから友達の行動を見て自分のことを省みる「ぼく」の姿を通して、「きまりをまもらなかった場合に誰がどのように困ることになるか」を想像させ、「きまり」の大切さを再認識させる。さらに、学校生活へと関連させ、自分たちの学校をよりよくするには「きまり」とどのように関わっていけばよいかを考えさせる。

自己の生き方についての考えの深まり

■授業を通じて子どもが考えを深めていくための工夫

子どもの考えを深める教師の技

ホワイトボードミーティング

意見を交流させる際に、「ホワイトボードミーティング」を行い、個人から少人数グループで話し合い活動をさせる。学級を1グループ3、4人の少人数班に分け、ホワイトボードと筆記具を配布する。子どもは、ボードに班番号と課題を書き、話し合いながら出た意見を書き込む。その際、メモ代わりに発表者の意見を書き込みながら、共通の意見などに印をつけさせる。班での話し合いが終わったら、班ごとに黒板（貼らせたい位置に班番号を書いておくと、黒板が整理され、見やすくなる）に貼らせ、全体で考えを共有させる。このような流れを組むことで、個人→少人数グループ→学級全体と、みんなの考えを徐々に広げることができる。授業の最後には、また個人へと戻し、授業の振り返りと併せて自分の考えをまとめさせるとよいだろう。ホワイトボードは、工作用紙をラミネートし、裏にマグネットを貼りつけることで自作ができる。また、「めあて」「みんなの考え」「自分の考え」カードなどをあらかじめ作成し、毎時間使えるようにすると板書が整理される。

🖋️指導のポイント

　本ユニットでは、①学級全体で課題を共有、②教材を読み、ホワイトボードミーティングで考えを深めさせる、③改めて個々で考えをもつという同様の流れで3時間の道徳学習を行う。このように授業の流れと学習活動が一定であることで、子どもが学習する内容自体にしっかりと入り込みやすくなるというよい効果が考えられる。同様の学習形態に慣れることで、机を動かしたり、学習用具を準備したりする時間が短縮され、話し合いにしっかりと時間をかけることができることが利点である。ホワイトボードに書かせる内容は、学習する教材や内容項目によって選択することが考えられ、「少人数班の発表者一人一人の考えをメモ代わりに書き残す方法」や「班で話し合った内容をある程度の形にまとめたものを書かせる方法」などが考えられる。

Aさん	課題探求のプロセス	Bくん
[導入時の姿] 「きまり」の大切さについてはある程度理解しており、学校生活のなかでも「廊下を走ってはいけない」などのような基本的なルールを守っている様子が見られる。		**[導入時の姿]** 「きまり」の存在は理解しているが、教室内で追いかけっこをしてしまうなど、時折ルールに反した行動をとってしまう様子も見られた。
「きまり」の存在意義について活発に意見を発表した。特に、「『きまり』を守っている人がいるとわかっているのに、守らない人たちはずるいと思う」という意見には、クラスメイトもはっとさせられていた。	第1時	「きまり」がある意味について、自分の考えをもつことができなかったが、グループワークでは、友達の意見をよく聞いていた。
「きまり」があるわけではないのに、店の軒下にきちんと並んでいる人たちの様子を見て、「やっぱり順番に並ぶことは大切だ」と考え、グループワークでは、友達の意見もよく聞き、ホワイトボードに率先して書き込んでいた。	第2時	「きまり」がないのに列をつくっている人たちの様子に驚きを感じながらも、バスが来たときに1番に乗ろうとした「よし子」の行動には共感し、道徳ノートに自分の考えを書いていた。
「きまり」を守ることが自分のためだけでなくみんなのためになるということに気づき、自分の考えを堂々と発表し、また終末部分では、「○○小学校の『きまり』をよりよく変えていきたい」とノートに書いた。	第3時	「ゴミ拾い」をすることが、自然環境を守ることにつながることには理解を示したが、「まあ、いいや」といった「ぼく」のようについ失敗をしてしまうこともあるという考えをノートに書いた。
[変容した姿] 3時間の学習を通して、「なぜ『きまり』を守るとよいのか」に気づき、「自分たちはこれから『きまり』とどのように関わっていくとよいのか」について発言するなど、自分たちの生活場面にまで結びつけて考えを深めることができた。		**[変容した姿]** 「きまり」の大切さを理解したが、「きまり」を守れないことがあるとも考えた。○○小学校のいまある「きまり」については、「みんなで協力して変えていくのがよい」と考えるなど、自分と周りの人たちとの生活とつなげて考えることができた。

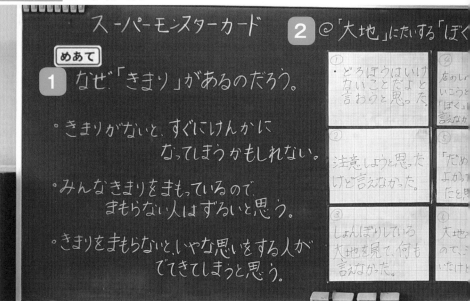

なぜ「きまり」があるのだろう？

1 これまでの学校生活を振り返り、「きまり」がある理由について意見を交流させることで、本ユニット全体の課題意識をもたせる。

T　なぜ「きまり」があるのでしょう。

C　「きまり」を守らないとけんかになってしまうかもしれない。

C　「きまり」を守っている人と「きまり」を守らない人がいるのはずるい。

C　「きまり」がないと、いやな思いをする人が出てきてしまうかもしれない。

2 「ぼく」の気持ちについて意見を交流させ、なぜ商品を泥棒することがいけないのかを考えさせる。

T　「ぼく」はどんなことを考えたのでしょう。

C　どろぼうはいけないことだよと言おうと思った。

C　お店の商品をとったらいけないよと言おうと思った。

T　なぜお店の商品をとったらいけないのでしょう。

C　お店が損をしてしまうから。

C　お店の人の仕事がなくなり、お金がなくなってしまうから。

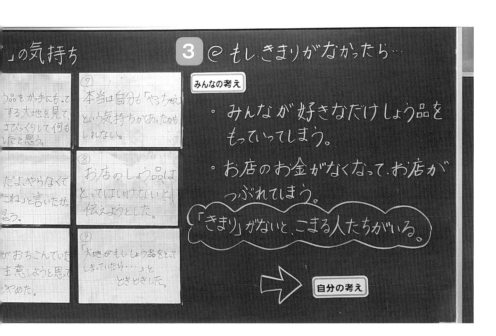

3 ⓔ もしきまりがなかったら…

みんなの考え

・みんなが好きなだけしょう品を
　もっていってしまう。

・お店のお金がなくなって、お店が
　つぶれてしまう。

「きまり」がないと、こまる人たちがいる。

➡ 自分の考え

---

3 しょんぼりとする大地にな
んと声をかけるかについて意見を
交流させることで、「悪いこと」に
ついて考えを深め、「きまり」の大
切さについての共通解を導く。

T　なんと声をかけますか。

C　どうしてもカードがほしい気持ち
　は、僕もわかるよ。

C　ちゃんとお金を払わないと、お店の
　人が困るよ。

T　なぜ「きまり」があるのか、あらた
　めて考えましょう。

C　「きまり」がないと、困る人がいる。

C　みんなが「きまり」を守るからお店
　で買いものができるんだと思う。

Ⓐ さん
「きまり」は大切だと思っ
ていたけど、今日の授業で
やっぱり大切だと思った。わるい
ことをするといやな気持ちになる
と思った。

Ⓑ さん
大地の最後の様子を見て、
わるいことをしようとした
だけでも、後悔することになると
思った。

Ⓒ さん
「きまり」はまもらないと
いけないと思った。今まで
やぶってしまった「きまり」もあ
るから、これからはきちんと守っ
ていきたい。

雨のバス停留所で

めあて なぜ、「きまり」をまもらないと いけないのだろう。

◎「きまり」はな

・ならんでいる
　ならずにすむ

・ならんでいれは

1 ◎なぜ順番待ちするのだろう。

・きちんとならんでいるほうが けっきょく
はやくバスに乗ることができるから。

・先に待っていた人がゆう先だから。

2

① 先にならんだよし子
はよくないと思うな
ぜかといとぬかした
から。

② 先
た

⑥ やねの下にならんで
いた列のまま、バスに
のればいいと思う。

⑦ きま
じゅ
とた

第2時 なぜ「きまり」をまもらないと

1 挿絵を見て、「きまり」がなくてもきちんと並んでいる人たちについて意見を交流させることを通して、店の軒下に並んで順番待ちをすることのよさについて話し合う。

T なぜきちんと並んで待っているのでしょう。

C 並んでいないと、すぐにバスに乗ることができないから。

C 先に待っていた人が優先だから。

T 「きまり」がなくても並んでいることのよさはどのようなところでしょう。

C 並んでいる方がすぐにバスに乗ることができる。

2 いつもと様子の違うお母さんのよし子に対する気持ちについての意見交流を通して、よし子の行動について考えを深める。

T よし子さんのお母さんはどのような気持ちだったのでしょう。

C 先に並んだよし子の行動がよくないと思った。

C 自分の子どもであるよし子の行動が恥ずかしいと思った。

T よし子さんの行動についてどう思いますか。

C 停留所に先に並ぶのはずるいと思う。

C 店の軒下に並んでいた順番で停留所に並ぶべきだと思う。

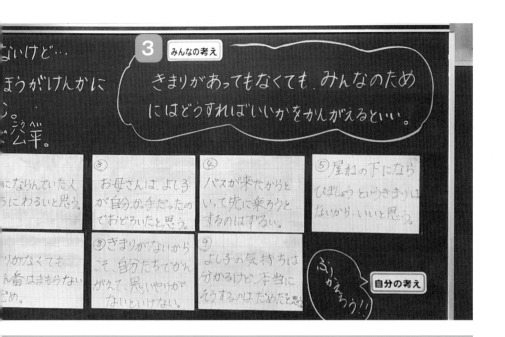

いけないのだろう？

3 よし子の考えたことについて意見を交流させ、みんなが気持ちよく過ごすためにはどのようなことに気をつければよいか考える。

T お話の最後で、よし子さんはどのようなことを考えたでしょう。

C 「先に並んでいた人たちに悪いことをしてしまったな」

T みんなが気持ちよく過ごすためには、どのようなことに気をつければよいでしょう。

C 「きまり」があってもなくても、みんなのためにはどうするのが一番よいかを考える。

Aさん 先に停留所に並ぶよし子の気持ちはよくわかるけど、自分は実際にはそういうふうにはしないなと思った。

Bさん バス停からはなれたところでもきちんと並んでいる大人の人たちがえらいと思った。見習おうと思った。

Cさん 並んでいる人たちはえらいと思うけど停留所ではないから、よし子がいち早くバスに乗り込もうとしたのは何がいけないのだろうと思った。

117

2

このままにしていたら

めあて

どのように「きまり」とかかわっていくとよいだろう。

1 ぼくは…

○ふくろをひろいにいかないとだめだった。

○ひろわないと川がよごれてしまうことに気づかなかった。

○「まあ、いいや」という気持ちは分かる。

第3時 どのように「きまり」と関わっ

1 ビニール袋を拾いに行かなかった「ぼく」について意見を交流させることを通して、具体的な生活場面のなかでの約束や「きまり」について考えを深める。

T 「ぼく」がビニール袋を取りに行かなかったことについてどう思いますか。

C 拾いに行くべきだった。

C 拾わなければ川が汚れてしまうので、いけないと思う。

C 拾うべきだけど、「まあ、いいや」という気持ちもよくわかる。

2 近くにあった空きかんとおかしの袋をあわてて拾った「ぼく」の気持ちについて意見を交流させることを通して、約束や「きまり」を守らなかったときの気持ちについて考えを深める。

T なぜ「ぼく」は、あわててごみを拾ったのでしょう。

C 一緒に遊んでいた友達がごみを拾っていたから。

T 約束や「きまり」を守らなかったとき、どういう気持ちになるか想像しましょう。

C 後悔して次は必ず「きまり」を守ろうと決心すると思う。

なぜ：あわててひろったの？　**3**　「きまり」をまもることは
なぜ大せつなのだろう。

・ごみを友だちがひろっていたから。

・自分のせいで、川をよごしたくないと思った。

・なんでやくそくをまもらなかったのだろうと
（おくすていない）
あとでこうかいしたと思う。

・「つぎは気をつけよう。」

・「きまり」のおかげで川がきれいだと
気づいた

〔みんなの考え〕

自分やほかの人たちが
すごしやすくなるためにつく
られたものだから。

よりよい学校にしていくには？

〔自分の考え〕

ていくとよいのだろう？

3 約束や「きまり」を守ることの大
切さについて意見を交流させることを通
して、自分のこれからの生活の中で約束
や「きまり」とどのように関わっていくか
について考えを深め、納得解を紡ぐ。

T　約束や「きまり」を守ることはなぜ
大切なのでしょう。

C　誰かがやぶると、別の誰かに迷惑が
かかるから。

C　「きまり」があることで、自分たち
の生活が守られているから。

T　**わが校をよりよい学校にしていくに
はどうすればよいでしょう。**

C　みんなが「きまり」を守れるように
いつも話し合うとよいと思う。

子ども一人一人の納得解

A さん　「きまり」を守ることは、
結局自分や周りの人たちみ
んなを守ってくれるのだと思っ
た。

B さん　「きまり」の大切さがあら
ためてよくわかった。○○
小学校の「きまり」も、みんなで
話し合ってよりよくしていきたい
と思った。

C さん　「きまり」をみんなが守れ
ば、自分たちだけでなく自
然を守ることにもつながるので、
とても大切だと思った。

[問い]

自分は誰をどのように支え、誰にどのように支えられているのだろう?

■ 実践のねらい

❶複数の教材をもとに、「支え合う」とはどういうことなのかを探求し、他者との関わりのよさを自己の道徳的価値観形成につなげられるようにする。

❷普段の生活のなかで、無意識のうちに支え合っていることに気づき、他者との関わり方についての考えを深められるようにする。

■ 「問い」と「構成」づくりのポイント

子どもたちは、誰かを支える立場になったり、誰かに支えられる立場になったりしながら生活している。しかし、このことへの意識はあまり高くなく、無意識のまま生活しているように見受けられる。

そこで、「自分は誰をどのように支え、誰にどのように支えられているのだろう?」という問いを設定し、他者との関わりについて意識化し、考えを深めていく。

ユニットの構成にあたっては、①「意図して支える立場」→②「意図していない支える立場」→③「支えられる立場」の流れで、支え合うことの意識化を図っていく。

①「意図して支える立場」とは、相手が困っているだろうなと思い、自ら進んで支える立場である。

②「意図していない支える立場」とは、何も思わずにやったことが結果的に相手を支えることになっている立場である。

③「支えられる立場」は、自分が気づかないところで支えられている立場である。このようなさまざまな立場から考えることで、支え合うことについて深く考えることができる。

この3時間を通して、「支え合うとはどういうことか」について、個としての考えをもてるようにしたい。

■[ユニット] 授業ストーリー

使用教科書 学研「みんなの道徳　5年」

第1時 人はどのような時、他者に親切な行動をとろうと思うのか？

> **主題**「親身な対応」　　　　　　　　　　　　　B(7)
> **内容項目** 親切、思いやり　　**提示教材**「くずれ落ちただんボール箱」
>
> 第1時では、相手の立場に立ち、誰に対しても思いやりの心をもって接していこうとする心情を育てる。そのため、「人はどのような時、他者に親切な行動をとろうと思うのか？」について考えることで、個としての納得解を得られるようにする。そうすることで、支える立場について意識的になっていくであろう。このことが、第2時で「自分が意図しない親切」に触れた際、新たな気づきを生み、支えるということについての考えが深まっていく。

第2時 親切は人にどのような影響を与えるのだろう？

> **主題**「あたたかい心にふれて」　　　　　　　　B(7)
> **内容項目** 親切、思いやり　　**提示教材**「思いもよらぬ出来事」
>
> 第2時では、相手の立場に立ち、相手を思いやった行動をとろうとする実践意欲と態度を育てる。そのために、「親切は人にどのような影響を与えるのだろう？」について考えていく。そうすることで、自分の行動が他者にどのような影響を与えているかについての考えが深まるであろう。このことが、第3時の「誰かに支えられている自分」について考える際、気づかないところで支えてもらっている自分への意識化につながる。

課題探求のプロセス

第3時 支え合うということはどういうことだろう？

> **主題**「善意に応える」　　　　　　　　　　　　B(8)
> **内容項目** 感謝　　**提示教材**「おじいさんのあたたかな目」
>
> 第3時では、日々の生活が多くの人々の支えによって成り立っていることに感謝し、それに応えようとする実践意欲と態度を育てる。そのため、「地域の方とどのように関わる自分でありたいか」について考える。そうすることで、第1・2時で学んだ支える立場と支えられる立場の両面で関わり方について考えることができるであろう。そのことが、ユニットでの個としての納得解へとつながっていく。

> ## 自己の生き方についての考えの深まり

■授業を通じて子どもが考えを深めていくための工夫

子どもの考えを深める教師の技

教師のコーディネート（問い返し、つなぎの具体例）

教師が問い返し、つなぎを行うことで、子どもたちの思考を深めていくことができる。

たとえば、考えの共有化を図る場面では、「確認」「発言を促す」「繰り返し」「言い換え」「つけ加え」「詳しくする」「まとめる」ことが有効である。

また、考えの顕在化を促す場面では、「揺さぶり」「比較」が有効である。

状況		目的	問い返し、つなぎの具体例
考えの共有化を図る場面	A	確認	納得？伝わった？ ○○さんの考えわかる？
	B	発言を促す	うなずいているけど、どうして？ 何か言いたそうな顔をしているね。
	C	繰り返し	同じ？あなたの言葉でいってごらん。
	D	言い換え	それって、どういうこと？ ○○ってどういうこと？
	E	付け加え	○○さんの意見に似ている人はいる？ 関連している人はいる？
	F	詳しくする	どうして、そう思うの？
	G	まとめる	○○の行為に賛同するんだね。 ○○の方向が望ましいと思うんだね。
考えの顕在化を促す場面	A	揺さぶり	みんなの考えからいくと、○○はよくない（よい）ことだね。 それって、本当に○○なの？ ○○の立場から考えると、それってどうなの？ でもさ、ばれなかったら得するんじゃない？ 出来事は待ってくれないよね。
	B	比較	○○さんと○○さんの意見って、似ているけどちょっと違うよね。 ○○と□□の違いは？ ○○と□□は、どちらがよいの？

表　問い返し、つなぎの具体例

✐指導のポイント

コーディネートの一つに、問い返し、つなぎなどがある。もしも、発問をして、子どもが意見したことをただ羅列的に板書しているだけであれば、学びは深まっていかない。個の学びを全体で共有したり、ぼんやりと思っていることを明確にしたりすることで学びは深まっていく。

そこで、問い返し、つなぎの具体例を整理しておき、授業中、状況や目的に合わせたコーディネートができるようにする（表）。

これらの問い返し、つなぎをすることで、「教師→子ども→教師→子ども」のような流れから「教師→子ども→子ども→子ども」のような学びをつなぐ授業展開が期待できる。そうすることで、子どもたちは道徳的思考を交わせ、考えを深めていくことができる。

Aさん	課題探求のプロセス	Bくん
[導入時の姿]		**[導入時の姿]**
親切にすると、自分がよい気持ちになると考えている。このことからわかることは、支えるということに対し、自分側の視点で考えていることである。		親切にすると相手がうれしくなると考えている。このことからわかることは、支えるということに対し、相手側の視点で考えていることである。
困っている人がいるときに、自分が行動すれば、その人の役に立つと思います。 他者の役に立つときに、人は誰かに親切な行動をとれるのではないかなと考えました。	第**1**時	自分が困っていて、どうしたらよいのだろうと悩んでいるとき、友だちに親切にしてもらえるとうれしいです。 だからやっぱり僕も、困っている人がいたら親切にしてあげたいです。
何と言っていいかわからないし、言葉にならないが、絶対、相手にプラスの感情を与えていると思います。親切にすることは、相手によい影響を与えていると思います。	第**2**時	親切って相手にプラスの意味や気持ちを与えると思いました。 そんな影響を与えていることが今日の学習でわかりました。
地域の方が自分に何か言ってくださるときは、自分のことを思って言ってくださっていることがよくわかりました。しっかりと思いを受けとめる自分でありたいです。	第**3**時	僕は、地域の方と関わるとき、ちょっと冷たい態度になっていたかもしれないとふり返りました。ちゃんとあいさつを返したり、危ないことを教えてもらったら、応えたりしたいです。
[変容した姿]		**[変容した姿]**
自分の立場だけでなく、他者の立場を意識化できたことで、支え合うことについての考えが深まっている。		誰かを支えている自分や誰かに支えられている自分について意識化できたことで、支え合うことについての考えが深まっている。

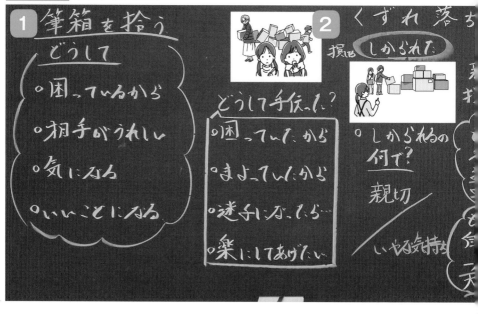

第1時 人はどのような時、他者に親切

1 具体的な場面を設定して、「親切にするのはどうしてか」について話し合う。そうすることで、親切についての既有の考えを共有することができる。

T 友達の筆箱が落ちたとき、拾ってあげている姿をよく見ます。どうしてそんなことをするのですか。

C 困っているから拾ってあげる。

C 相手がうれしい気持ちになるから。

C 落ちているままだと気になるから拾う。

C 自分がいい気持ちになる。

C なんで拾わないんだろうって思われるから。

2 教材を読んだ後、親切にしたことはよいことだったのかについて話し合う。そうすることで、親切にする理由について深く考えられるようにする。

T おばあさんは喜んでいるけれど、店員さんに誤解された「わたしたち」は損をしているのだろうか。

C 自分はよいことをしたのに店員さんに理由も聞かずに怒られたから損をしている。

C もしも手伝っていなかったら、子どもが迷子になっていたかも。子どもを救えたから得してるんじゃないかな。

C 人の役に立てたから損していない。

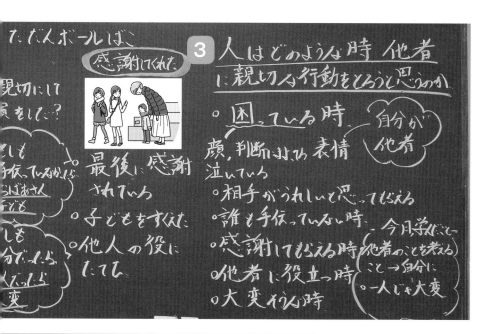

な行動をとろうと思うのか？

3 全体での話し合い後、本時の学習テーマ「人はどのような時、他者に親切な行動をとろうと思うのか？」について個々の考えをまとめていく。

T 人はどのような時、他者に親切な行動をとろうと思うのだろう。

C 困っている時。

T 困ってる時って、わかるの？

C 表情を見たり、自分だったら困るなあって想像したりする。

C 相手がうれしいと思ってくれる時。

C 誰も手伝っていない時。

C 相手に感謝してもらえる時。

C 他者の役に立つと思えた時。

A さん 人に親切にすると、自分によいことが返ってくると感じました。
誰かが助けを求めているとき、自分から助けたいと思います。人の役に立てるといいなと思います。

B さん 誰かが困っているときは、やっぱり助けてあげたほうがいいなあと感じました。わたしも困っている人がいたら助けたいと思います。

C さん 誰かを助けたときに感謝されるとやっぱりうれしいです。それから、次も人の役に立つことをしようと思えます。

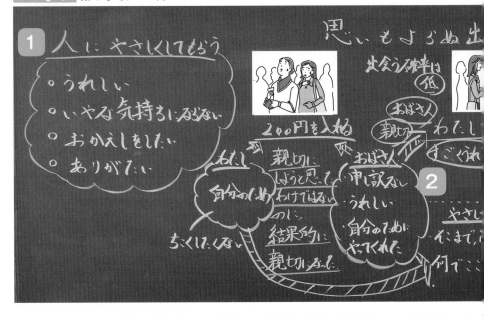

第2時 親切は人にどのような影響を与

1 人に優しくしてもらったときの気持ちを出し合う。そうすることで、後に「優しさにショックを受けた」の意味について深く考えられるようにする。

T 人に優しくしてもらったら、どんな気持ちになる？

C うれしい。

C 嫌な気持ちにはならない。

C 自分も誰かに優しくしようという気持ちになる。

C ありがたいなあという気持ち。

T では、優しくしてもらうなど、親切は人にどのような影響を与えるのか考えてみよう。

2 教材を読んだ後、「優しさにショックを受けた」の意味について話し合う。そうすることで、親切が人に与える影響について深く考えられるようにする。

T 優しさにショックってどんな意味？君たちの考えだと、優しくされたら嫌な気持ちにならないのに、ショックを受けたってどういうこと？

C 自分が遅刻しないためにやったことなのに、おばさんは自分のためにやってくれたと思って、お礼までしてくれたから。

C ショックというか感激したんだよ。

C おばさんの心の広さに感動した。

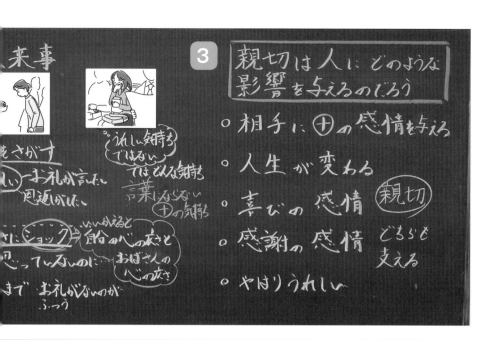

えるのだろう？

3 全体での話し合い後、本時の学習テーマ「親切は人にどのような影響を与えるのだろう？」について個々の考えをまとめていく。

T 親切は人にどのような影響を与えるのだろう？

C 言葉にならないが、絶対プラスの感情を与える。

C 考え方が変わったりするから、人生を変えるくらいの影響を与える。

C 喜びの感情を生む。

C 感謝の感情も生まれると思う。

C 親切は、お互いが支え合う関係をつくる。

A さん 親切にしようと思ったわけではないのに、結果的に親切になることもあると知りました。親切にされるとやはりうれしいと思います。

B さん 人に親切にすると、自分にも親切が返ってくるように思えました。親切にすることで、これからが変わるかもしれないとも思いました。

C さん 人に親切にすると喜んでもらえると感じました。親切は支え合うことにつながるとわかりました。

127

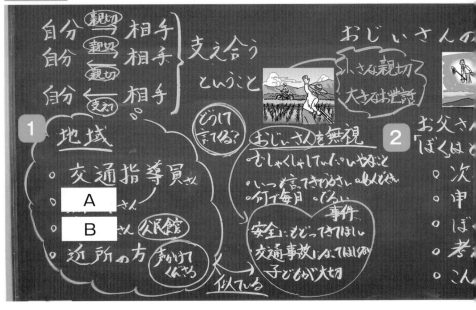

第3時 支え合うということはどういう

1 前時までの学習内容を確認した後、自分を支えてくれている人を想起する。そうすることで、支え合うとはどういうことかを考えられるようにする。

T 自分を支えてくれている人には、どんな人がいますか？

C 交通指導員さんが安全を守ってくれている。

C 近所の人が会ったときに、「気をつけてな」と声をかけてくれる。

T みんなを支えてくれている人はたくさんいますね。では、いままでの学習と合わせて、支え合うとはどういうことか考えていきましょう。

2 教材を読んだ後、「ぼく」とおじいさんとの関係について話し合う。そうすることで、知らないところで人に支えられていることに気づけるようにする。

T お父さんの言葉を聞いた「ぼく」は、どんなことを考えたのだろう。

C 自分のために言ってくれていたことに気づいたから、次から聞こうと思った。

C だから、そんな自分が情けないとも思った。

C 考え方が逆だったと後悔した。

C 自分の近くには、こんなにも優しい人がいるんだと気づいた。

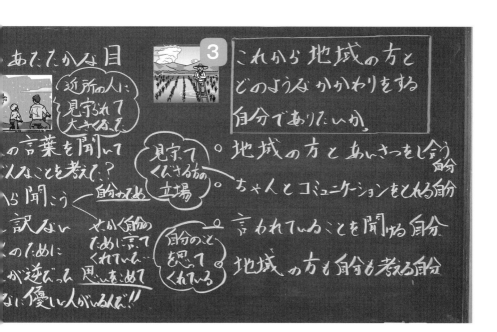

ことだろう？

③ 全体での話し合い後、本時の学習テーマ「支え合うということはどういうことだろう？」をベースに、地域の方との関係について考えをまとめていく。

T　これから地域の方とどのような関わり方をする自分でありたいですか。

C　あいさつをし合う自分でありたい。

C　しっかりコミュニケーションをとりたい。自分が地域の人の立場だったら、返事をしてもらえたら、やってよかったなあって思えるから。

C　自分のことを思ってくれていることを忘れずに、言ってくれていることを聞ける自分でありたい。

子ども一人一人の納得解

Ａさん 支え合うことは、相手の思いを考えることだと感じました。地域の方とあいさつして、しっかりとコミュニケーションをとっていきたいと思います。

Ｂさん 今日の学習で、自分は支えられているなあと思いました。自分も地域の方のためにできることをして、支え合っていきたいと思います。

Ｃさん 地域の人だけでなく、いろいろな人の話を聞き入れたいです。わたしのまわりには、優しい人がたくさんいることに気づきました。

Package
10 第5学年／2月 `Type 02`

[問い]
なりたい自分に近づくためには、今どうすればいいのだろう？

■ 実践のねらい

❶ 1月からの5年生は「最高学年として役割を果たせるか」「中学校に向けた最後の1年としてどんな勉強をすればよいのか」などの不安を抱えていることが多い。そのため不安に負けないためにも、この時期によりよい自己像を構築させることが大切である。

❷ 子どもが教材に寄り添い、より深く共感して考えることができるように、この3時間で扱う教材は創作された教材ではなく、3人の実在した人物を取り扱った教材を使用する。

■「問い」と「構成」づくりのポイント

最高学年に向けた生活や学習から、この時期の子どもは「6年生としてこうなりたい。将来はこんなことができる人になりたい」という自己像をもち始める。そのため3時間の大きなめあてとして「なりたい自分」を最初に具体的に考えさせる。

「なりたい自分」に向けて「より伸ばしていきたい長所」「いま必要とする心の成長」などの一人一人の自分にとって考えていきたいことを保障できるように1時間ごとのめあてを設定していく。「なりたい自分」のめあてに関わる「希望と勇気」「個性の伸長」「よりよく生きる喜び」の3つの内容項目を扱うこととした。

1時間目は夢や希望に向けていま、自分にはどんなことが必要であるのかを考えさせる。

2時間目は「なりたい自分」に向けて自分の個性は自分の成長にどう関わっていくのかを考えさせる。また、自分の個性がよりよい自己をつくるうえで大切であることに気づかせていきたい。

3時間目は「なりたい自分」に向けた歩みそのものが生きていく上の喜びとなっていくことに気づかせる。

■ ［ユニット］授業ストーリー

使用教科書 東京書籍「新しい道徳　5」

第1時 夢や希望をかなえていくためには、どんなことが必要になってくるの？

> **主　題** 「夢や希望を叶えるために」　　　　　　　　　　　A(5)
> **内容項目** 希望と勇気、努力と強い意志　　**提示教材** 「ベートーベン」
>
> 第1時では夢や希望を叶えるためには、いま自分にはどんなことが必要なのかを考えさせる。ベートーベンは「心を開く」という言葉を先生から聞き、夢や希望に向けて歩むことのすばらしさに気づく姿が描かれている。「心を開く」ことの意味や大切さを考えながら、夢や希望を叶えるためにはいまの自分にはどんなことが必要であるのかを考えさせる。「自分に生かす」という言葉で振り返りをさせることで、より自分ごととして本時の学びを見直すことができる。

第2時 自分の個性は自分をどのように成長させてくれるの？

> **主　題** 「自分の個性のもつ力とは」　　　　　　　　　　　A(4)
> **内容項目** 個性の伸長　　**提示教材** 「感動したこと、それがぼくの作品〜パブロ・ピカソ」
>
> 第2時では自分の個性を見つめさせた後、その個性が自分をどう成長させていくのかを考えさせる。自分らしさを表現する作品をつくり続けるピカソの姿から個性があることで自分が大きく成長できることを感じ取らせ、自分の個性も大切にしたいという思いをはぐくむ。本時ではピカソの作風が変わっていった訳やそのことによってピカソ自身がどのように成長していったのかを中心に考え、自分の個性が自分にもたらす成長について考える。

課題探求のプロセス

第3時 宮沢賢治の生き方からこれからの自分の姿を考えてみよう

> **主　題** 「生きる喜びとは」　　　　　　　　　　　　　　D(22)
> **内容項目** よりよく生きる喜び　　**提示教材** 「そういうものにわたしはなりたい〜宮澤賢治」
>
> 第3時では生きていくうえで得られる喜びについて考えさせる。「なりたい自分」に向けて歩むこと、そして、「なりたい自分」にたどり着けたとしても、それまでの過程やこれからの過程が自分にとって生きるための喜びになることを感じ取らせる。本時では宮沢賢治は「何を大切にして生きていたのか」「人々に対してどういう思いをもっていたのか」など生き方について開いた発問を行い、宮沢賢治の生き方について追究していく。

自己の生き方についての考えの深まり

131

▥ 授業を通じて子どもが考えを深めていくための工夫

子どもの考えを深める教師の技

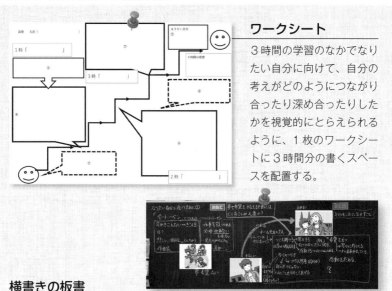

ワークシート

3時間の学習のなかでなりたい自分に向けて、自分の考えがどのようにつながり合ったり深め合ったりしたかを視覚的にとらえられるように、1枚のワークシートに3時間分の書くスペースを配置する。

横書きの板書

本時の学習の流れでもある人物の気持ちの変化と本時の考えていくこと（めあて）とのつながりがわかりやすいように、横書きの板書を行う。「めあて」については、黒板の中心に書き、何を考えているのかが子どもにわかりやすいように提示する。

✒ 指導のポイント

3時間の学習で教材の人物の生き方について考えるなかで、子どもが自分のことについて振り返りがしやすいように3時間に1枚ずつワークシートを用意するのではなく、1枚にまとめることとする。それぞれの時間の学習で書く欄には事前に発問は書かない。なぜなら、3時間分のすべての発問（振り返り）を載せていると、子どもは事前に教師が何を問うのかを知ることになり、授業への興味・関心がなくなってしまうからだ。

3時間の授業はつながっており、1時間ごとの子どもの考えの深まり方によっては、用意していた発問とは違った発問をする可能性も十分にある。そのため、ワークシートには、ある程度の自由度を必要とした。

Aさん	課題探求のプロセス	Bくん
[導入時の姿]		[導入時の姿]
「学習前の考え」には、「失敗は、はずかしい。人にめいわくをかけるかもしれないし、はずかしさがますから」と記述していた。失敗への否定的な考え方が見られた。		2学期に学校行事で活躍した子どもであるが、「なりたい自分」として「積極的に取り組める人になりたい」とさらに自分を高めていきたい、積極的になりたいという思いをもつことができた。
「希望をもつとよい未来が待っている」と発言をしていた。ワークシートには、「なりたい自分になるために、人のことも考える」と記述しており、周りに目を配る意識をはぐくんでいた。	第1時	授業での発言は見られなかったが、ワークシートの欄を埋め尽くすほど自分の言葉を綴っていた。「自分もプラス思考で1日を送っていきたい」という文章を書いていた。
自分の長所については「すぐ調子にのる」と否定的に書いていたが、振り返りでは、「調子にのることもあるけど、それを一回失敗してもくじけないような強さに変えていきたい」と最後は肯定的にとらえていた。	第2時	自分の長所を「考えすぎてしまう」とAさんと同じように否定的に考えていたが、振り返りでは「考えすぎることも自分で正解を出せたり、もっと正しい判断ができるようになると思う」と肯定的にとらえ直すことができていた。
授業では「賢治は人のために行動することが彼の幸せにつながっていった」と発言していた。振り返りでも「自分も賢治のように人のために働いていきたい」とワークシートに書いていた。	第3時	授業では「人に評価されることよりも自分にとってのやりがいが見つかればいい」と発言し、ワークシートにも「自分の生き方に信念をもちたい」という思いを育んだ。
[変容した姿]		[変容した姿]
自分のことを否定的に見る傾向があったが、3時間の感想には、「自分の長所を大切にして、将来の夢に近づきたい」となりたい自分に向け、長所を大切にしていく思いがはぐくまれた。		3時間で取り扱った3人の人物のすごさにふれながら、「自分ももっとどうなりたいか考えていきたい」と自分のこれからについてワークシートに書いていた。

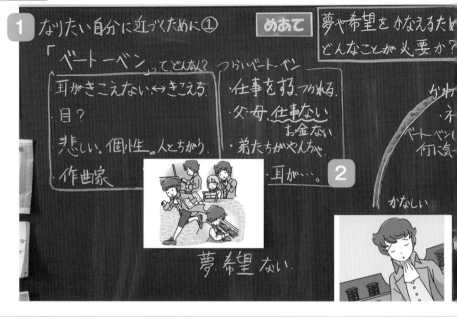

第1時 夢や希望をかなえていくために

1 　最高学年に向けてより高い目標をもたせていく。まずは「なりたい自分」を明確にさせるために、ワークシートに書く。

T　発表できる人はいますか。

C　どんな場面でも友達を思いやれる人。

C　心がとにかく強い人。

C　誰にでも優しく声かけができる人。

C　できるかわからないけど、リーダーのようになりたい。

T　どうしてそう思ったのですか？

C　6年生がいつも委員会で引っぱってくれるから。

2 　夢や希望もない生活とはどういう生活なのかを知るために、教材「ベートーベン」から夢や希望がなく、つらい日々を送るベートーベンの気持ちを考える。

T　どうしてベートーベンはつらい顔ばかりしていたのだろうか。

C　仕事ばかりしていて疲れているから。

C　意見につけ足しで、お父さんやお母さんの仕事がない。だからお金もないから。

C　弟たちも世話がかかる。

C　耳が悪くなっていくことも重なっている。

は、どんなことが必要になってくるの？

3 悲しさが安らぎ、笑顔が増えたベートーベンは、先生の言葉から何に気づいたのかを考える。

T ベートーベンはネーフェ先生の言葉からどんなことに気づいたのかな。

C 心を開くことが大切だということ。

C 気づかないような風景とか音とかを見たり聞いたりする。

C 悩んだら、はじめから考え直す。

C 希望をもって生きていく。

T **希望をもつとどんなよさがあるの。**

C もっと努力できる。

C だからよい未来になる。

T **なぜ？詳しく言える人はいますか。**

C プラス思考にもつながる。

A さん つらいことがあっても夢に向かって自分だけじゃないと考えて多くのつらさを乗りこえていきたい。人のことも考える。

B くん つらいことがあったら、一番は初めから考え直し、プラス思考で一日一日を送っていきたい。夢はプラス思考にしてくれる。

C さん 自分の家族のために1日を過ごせるような人になりたい。また、何ごとにも「1」として考えないで、「10」として考える。夢や希望がなくても立ち直れるような人になりたい。

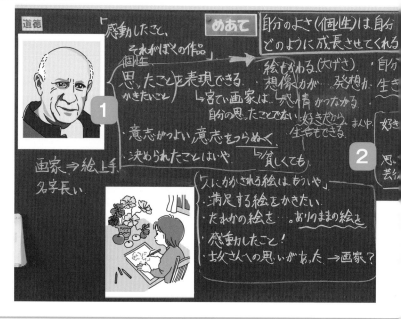

第2時 自分の個性は自分をどのように

1
自分の長所を深く見つめるために、教材「感動したこと、それがぼくの作品〜パブロ・ピカソ」からピカソの個性について考える。

T ピカソの個性はどんなことだろう？

C 自分の思ったことを表現できること。

C 描きたいことを表現できる。

T どうしてそう思うの？

C 宮廷画家にならなかった。自分の思ったことが描けないのは嫌だから。

C いろいろな人に言われても自分の絵を描き続ける。つまり、意志が強い。

T そういう個性が彼をどう成長させていたのかな。

2
ピカソの作風が変化していった理由を考えるなかで、個性は自分にどう影響しているのかを考えさせる。

T ピカソの作風が変わっていったよね。みんなが知っている作風まで、どうしてこんなに変わっていったのかな。

C いろんな絵を描くことが好きだから。

C さっきも言ったけど、思ったことを描いていったらそうなった。

C それは型にはまらないってことだ。

C 自分の感情のままだ。

C 芸術は爆発だと言った人もいた。

C 悲しみとかを表したかった。

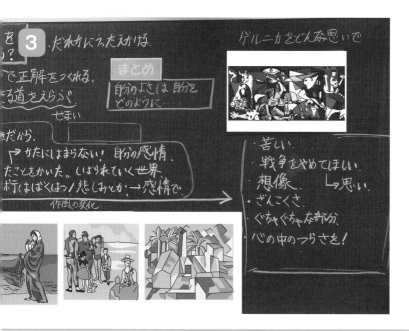

成長させてくれるの？

3 自分の個性が自分をどう成長させていくのかを考えさせるために、ピカソの個性が彼をどのように成長させていったのかをまとめる。

T ピカソの個性は彼をどう成長させていったの？

C 思ったことを表現したいという思いで絵も大きく変わっていった。

C 想像力と発想力が大きく広がった。

C 自分で生きる道を選ぶことができるようになった。

C 意志が強かったり、思ったことを表現できたりする強さは人生の道を選べる強さを生み出す。

A さん 負けず嫌いだから、1回失敗してもくじけない人になれると思う。失敗することをこわがらないでいろんなことにチャレンジしていきたい。

B くん 自分は考えすぎてしまうことがあってよくないかなとも思ったことはあるけど、自分の意志が強くなることにつながる。正しい判断もできると思う。

C さん すぐに友達ができるから、これからもどこに行っても友達ができるようになると思う。協力する力がもっと身につけられる。

137

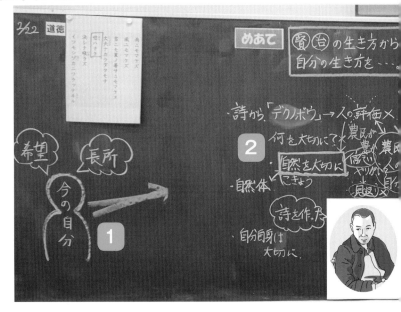

第3時 宮沢賢治の生き方からこれから

1 いままでの2時間の授業のなかで「自分」の「努力すること」や「個性」についてどう考えてきたのかをワークシートを読み直し、確認させ、今日の授業に向かう気持ちをもたせる。

T これまでの2時間で「自分はこうしていきたい」というような思いをもちましたか。

C 自分のよさや個性というものが友達からも言ってもらってわかった。

C 自分の考えていた夢が希望になった。

C 今日のことを勉強したら、なりたい自分のためにしていくことがもっとわかる気がする。

2 教材「そういうものにわたしはなりたい～宮澤賢治」を提示した後、教材から感じ取ることができる宮沢賢治の生き方について互いの意見を交流しながら考えていく。

T 賢治はどんなことを大切にして生きてきたのかな。

C 自然を大切にしていた。

C 人のために働くこと。

C 自然体で生きる。

T 自然体とは？

C 自然を大切にしていたことかな。

C それもあるけど、心が開いていた？

C いろいろなことを受け入れる心の大きさ。

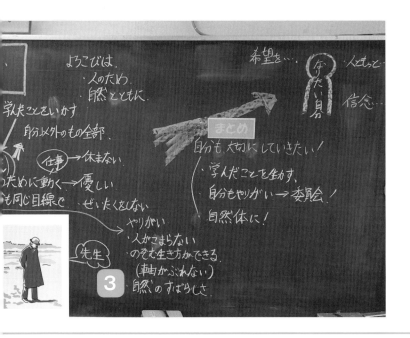

の自分の姿を考えてみよう

子ども一人一人の納得解

3 追求してきた宮沢賢治の生き方の理解から、宮沢賢治にとっての生きていくうえでの喜びについてさらに追究していく。

C 人の評価は気にしていない。

T **矛盾があると思うよ。**

C 見返りはいらない。農民の生活が豊かになってほしいと思っている。

T **賢治のやりがいって何だろう？**

C 困っている人が困らなくなること。

C そういう生き方ができると自分と認められること。

T **賢治の生きていく上での喜びは何？**

C 人のため。

C 自然と共にいること。

A さん 自分も困っている人を助けていきたい。人のためにもっと働きたい。特に委員会。ずっと6年生に助けてもらってきた。助けられる側になりたい。

B くん 「人のために」何かをするという気持ちや生き方に信念をもっていきたい。今までも何となく「人のため」と思っていたけど、勉強して強く思った。

C さん 「みんなのことを考える」というのは宮沢賢治のような生き方なのだと思ったから、自分もそういう自分の喜びになることをしていきたい。

[問い]
みんなが気持ちよく過ごすために 必要な考え方とは何だろう？

■ 実践のねらい

❶ 「自由の大切さ」と「規則やルールを守る大切さ」を比較することで、自分自身を律しながら本当の自由とは何か考え、集団生活の充実に努めるために必要な判断力を養う。

❷ よりよい集団社会の形成のために必要な考えを多角的・多面的にとらえられるように、各時間における道徳的価値を関連させ俯瞰することで理解を深める。ユニットの学習前後における考えの変容に気づき、実践意欲と態度を養う。

■「問い」と「構成」づくりのポイント

６年生になると、最高学年としての振る舞いや下級生へのお手本となるような行動の期待などが、周囲からは寄せられる。一方で、複雑な人間関係や将来への悩みなどから精神的な不安定さが表れる時期でもある。

教室という小さな社会の中だからこそ、自己中心性がより顕著に表れることもあるだろう。そのような気持ちと向き合いながら、よりよい集団にしていくためには、どのような考え方や心の在り方が大切なのかを、あらためて子どもたち自身が問い直し、納得解を紡ぎ出させたい。

日常における学級の様子を子どもたちと振り返り、ユニットの学習課題を設定した。また、課題解決をするために必要な考えを話し合い、それらをもとに、適した教材を用いた。

ユニットの学習課題と第１時の学習がつながるようＣの領域から始まるようにした。また、Ａの領域に関する内容項目を重点的に取り入れ、「集団に属する自分の在り方」に目を向けられるようにした。

第３時の終わりでは、ユニット全体を総括した振り返りを実施することで、学びを体系的にとらえられるようにした。

■ [ユニット] 授業ストーリー

使用教科書 東京書籍 「新訂 新しい道徳 6」

第1時 みんなが気持ちよく過ごすために必要な考え方とは何だろう？

主 題 「ルールは心の中に」 C(12)
内容項目 規則の尊重 **提示教材** 「ピアノの音が……」

権利の主張は、時としてお互いを対立させる引き金になる。集団生活の充実は、きまりや規則を守ることが大切だが、子ども目線に立ったとき、それは「不自由」と感じるだろう。場面理解を深めるために、ベン図を用いるとよい。本時では、自他の権利を守りお互いを尊重しようとする心情を養うことをねらう。子どもから出てくると予想される「自分勝手」という言葉もおさえておきたい。

第2時 自由と自分勝手は何がちがうのだろう？

主 題 「自由と責任」 A(1)
内容項目 善悪の判断、自律、自由と責任 **提示教材** 「修学旅行の夜」

前時で表された「自分勝手」という言葉に着目し学習課題を設定する。価値に対する、見方や考え方を深めるために、板書では、子どもの発言に矢印をつけながら対比させることが有効であると考える。本時では、自由と自分勝手の違いをとらえたり、集団における自分の役割を果たすことの大切さを考えたりすることで、責任をもって行動するための判断力を養うことをねらう。

第3時 定やんが自分の気持ちをのりこえて正直に謝れたのはなぜだろう？

主 題 「素直な行い」 A(2)
内容項目 正直、誠実 **提示教材** 「『すんまへん』でいい」

正直に過ごそうとする態度は集団の中における安心感にもつながる。本時では、失敗や間違いにも誠実に向き合い、和やかに過ごそうとする実践意欲と態度を養う。学習の終末では、ユニットの学習課題を総括的に振り返り、道徳的価値を俯瞰することが大切である。自己の学びを見つめ、相互評価を通してリフレーミングを図る。

課題探求のプロセス

自己の生き方についての考えの深まり

■ 授業を通じて子どもが考えを深めていくための工夫

子どもの考えを深める教師の技

思考ツール

思考ツールは他教科でも活用できるので汎用性が高い。意見の比較・関連・類推などを整理して、物ごとを多面的に見られるようにすることができる。

話型とハンドサイン

話型は、意見に根拠を示す意識づけとなる。聞き手はハンドサインを用いて「つけ足し」や「違う意見」でつなげていくことで、発問に対する考えを深めていく。

✒ 指導のポイント

「深い学び」を実現するためには、各教科等における共通事項でもある「主体的・対話的」な環境をつくり、子どもの能力を育成することが求められる。したがって、まずは汎用性の高いシステムを取り入れながら、学習活動全体を通して言語能力を育成することが大切である。

「考え、議論する道徳」を目指すためには、自分の意見に根拠をもつことも必要だ。相手を納得・説得できるよう、話型やハンドサインを使って対話の質を深めていくとよいだろう。

子どもたちは、学習全体の道徳学びを俯瞰し、学習前と学習後の考え方を比較する。グループ・モデレーションとリフレーミングを行うことで、より深い道徳的価値へと紡いでいく。

課題探求のプロセス

Aさん

[導入時の姿]

学級のルールを守れていないときもあるし、気づいてもなかなか注意できない。もっと自分たちで考えて行動したいと感じている。

第1時

このお話を聞いて、マンションでのトラブルが多いなと感じたけど、自分の思いをしっかり伝えることや、お互いに話を聞き合える関係が大切だと感じた。みんなとの交流を深めてトラブルが起きても解決していきたいと感じた。

第2時

「自分勝手」は相手のことを考えずに好き勝手やることだけど、「自由」とはルールを守りながら好きなことを行うという違いに気づいた。私は、自分勝手な場面が多かったから、これからは周りのことも考えて行動していきたい。

第3時

自分の間違いや失敗は、怒られたくないし、ついついごまかしたくなる。だけど、ごまかされた相手は悲しむし、自分自身の行いは、ちゃんと最後まで責任をもつことが大切なのだと考えられるようになった。

[変容した姿]

気持ちのよい集団や社会にするためには、自分自身の素直さをもっと増やして、人と関わっていけるようになりたいと感じていた。

Bさん

[導入時の姿]

積極的に班長や委員長に立候補をしている。しかし、気が強く友達とけんかをしても自分の思いを優先してしまう場面が見られる。

第1時

直接、人と話すことの大切さがわかった。今までクラスをよくするためにルールをもち出すことがあったけど、相手の気持ちを考えながらお互いが納得していく環境をつくっていきたいと考えた。

第2時

いままでは人に注意しながら、自分もやってしまうことが多かった。いまは、班長だから責任をもって班をまとめたい。人に注意するだけではなく、相手の立場になって考えて、ルールは見直していくことも大切だと思った。

第3時

自分にうそをついてはいけないとあらためて感じた。注意されたらいつも言い訳ばかりしていたけど、ちゃんと正直で素直な態度でいたいと思った。もし相手もそうだったら、いま以上にお互いのことを理解できるはずだと感じた。

[変容した姿]

自分の役割に責任をもち、間違いは素直に謝るようにしたい。相手に向き合えば、自然と仲は深まっていくという思いになった。

第1時 みんなが気持ちよく過ごすため

1 学級目標を振り返り、自分たちのクラスの現在の姿について考える。よりよい集団にするために必要な考えを共通理解する（グループ・モデレーション）。

T みんなが気持ちよく過ごすためには、どういう思いや考え方が必要だと思いますか。

C 一人一人が自分勝手な行動をしないことが大切。

C 人の意見をちゃんと取り入れようとする考えが必要。

C 不自由がなく正直に素直に言い合えることが大事だと思う。

2 教材「ピアノの音が……」を一読する。マンションのトラブルがないように、管理人がルールをつくったことで、住民はどう感じたかを考える。

T 騒音のトラブルがマンションにはありましたが、ルールを設けたことで住民たちが感じたことは何でしょう。

C これで、みんなが過ごしやすいマンションになるな。

C みんなの苦情を聞いていた管理人も大変だっただろうな。でも、もう迷惑はかからないかも。

C トラブルが解決して、みんな安心して過ごせるようになるな。

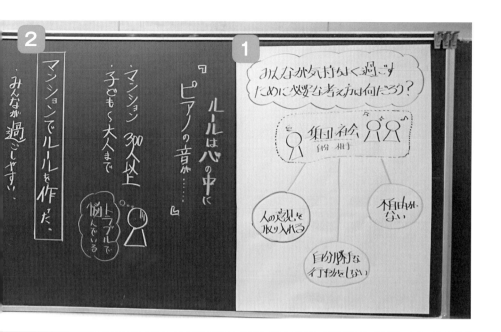

に必要な考え方は何だろう？

3 ルールをつくったが、お互いの権利を主張し合うトラブルになった。この問題を解決するためにはどんな考えが大切かを話し合う。

T　お互いが権利を主張していますが、どうすれば解決できると思いますか。

C　自分が思っていることを主張することは大切だと思う。

C　つけ足しで、自分の意見を主張してもよいけど、しっかりと話を聞き合うことだと思う。

C　相手の気持ちを受け入れようとする態度があればよいと思う。

A さん 私はルールをしっかり守る社会が必要だと感じました。自分の意見を伝えたり、相手の気持ちも考えたり、お互いに話を聞き合ったりすることが大事だとわかりました。権利を守るということは、一人一人の思いやりや協力の心でもあると思いました。

B さん 友達の意見を取り入れることが大切だとわかりました。自分勝手なことばかりではなく、思いやりの心をもっと進化させていきたいです。「ルールは心の中に」というのは、思いやりの心に変わったのではないかと感じました。

145

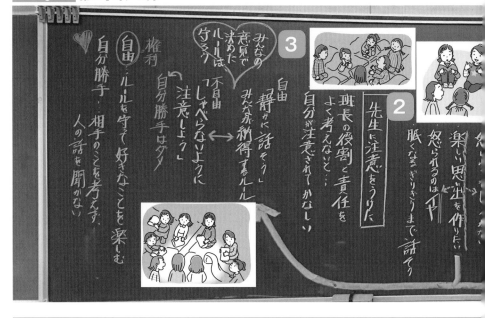

第2時 自由と自分勝手は何がちがうの

1 本時の学習課題を確認し、教材「修学旅行の夜」を提示する。消灯後に友達が楽しそうに話をする姿を見たときの、「班長のわたし」の気持ちを考える。

T 消灯後にもお話で盛り上がる友達を見たときに、何を思いましたか。

C 「1年に1回だからちょっとぐらい大丈夫かな」

C 「楽しい思い出をつくりたいし、みんなもしゃべっているから、一緒にまぜてほしい」

C 「もし自分もしゃべっているのが先生にばれたら怒られるのは嫌だな。だけど、しょうがないか…」

2 班が騒がしくなってしまい、先生に怒られてしまったときの主人公の気持ちを考え、班長としての自分の役割に気づくことができるようにする。

T 「わたし」が、先生に注意を受けたとき、どんなことを考えていたでしょう。

C 自分が班長という役割をしっかり考えなきゃいけなかった。

C 役割があることは、自分の責任を最後までしっかり果たすことでもあると思う。

C 自分が悪いけど、やっぱり注意されたら落ち込むなあ。もっと自由に友達とおしゃべりを楽しみたかった。

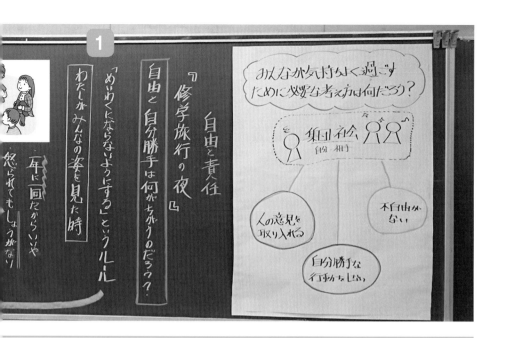

だろう？

振り返り［例］

3 登場人物の行いから、「自由」と「自分勝手」の違いに気づき、班の友達が正しく行動するためには、どのようにすればよいのかを考える。

T 修学旅行の思い出に楽しくお話をするのが「自由」ではないですか。

C 「静かに話そう」とか、みんなが納得するルールを最初につくればよい。

C 自分の役割は班長だし、最後まで友達に注意するべきだと思う。みんなの自分勝手はいけない。

C 自分勝手は相手のことを考えないで好きなことをすること。自由はルールを守って好きなことをすること。

Ａ さん　私は自分勝手なところがあったので、相手のことを考えて行動していきたい。自分の役割や責任を果たして、みんなの役に立てるような行動をしたいです。

Ｂ さん　自由は権利で、自分勝手は相手のことを考えないことだとわかりました。前の授業とも関係していますが、相手の気持ちを考えていきたいです。

Ｃ さん　自分勝手は、人の意見を聞かないことだから、「ピアノの音が……」のようなトラブルが起きてしまうと思います。ちゃんと区別していきたいと思いました。

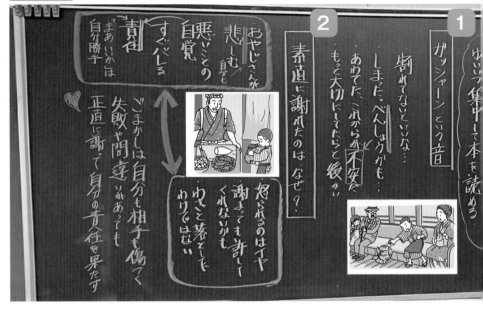

第3時 定やんが自分の気持ちをのりこ

1 本時の学習課題を確認し、教材「『すんまへん』でいい」を提示する。定やんがお店のお皿を落としまったときにどんなことを思ったのかを考える。

T 音を立ててお皿が落ちたとき、定やんはどんなことを考えていたでしょう。

C 「しまった。高いお皿だし、割れていないといいな」

C 「もし割れてしまっていたらどうしよう。弁償しないといけないかも」

C もし弁償しなければと思うと不安になる。もっと気をつけて持てばよかったと後悔していた。

2 葛藤を乗り越えて素直に謝ることができた定やんは、どんな考えをもっていたからなのかを考える。

T 定やんはいろいろなことを考えていました。それでも素直に謝れたのはなぜでしょう。

C もし謝らなかったら、おやじさんが悲しむから。

C 悪いことをしてしまったと自覚しているから。

C 自分の役割を思い出した。もし「まあ、いいか」と思ってしまったら無責任で自分勝手になってしまうから。

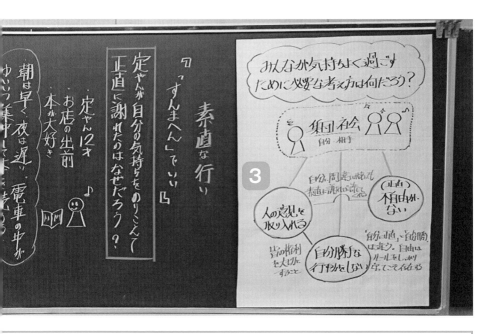

えて正直に謝れたのはなぜだろう

子ども一人一人の納得解

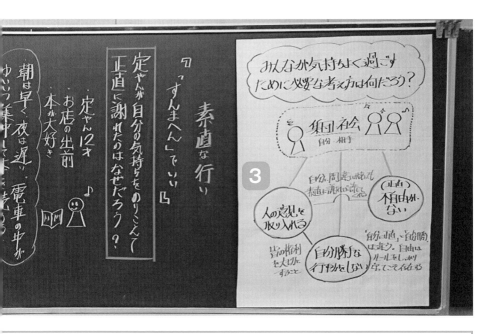 **3** 3時間の学習を振り返り、道徳的価値理解を関連づける。学習前と学習後の考え方の深まりを考え、全体で共有する（グループ・モデレーション）。

T それぞれの時間で学んだ考えを関連づけてみましょう。

C 自分勝手な行動をしないということは、人の意見を聞いてみんなの権利を大切にすること。

C 不自由はない方がいいけど、自分勝手は違う。自由はきちんとルールを守る中にある。

C 自分に間違いがあったときは、素直に謝れば相手もわかってくれる。

A さん みんなが気持ちよく過ごすのは大切だと思っていたけど、どんな考えが大切かはわかりませんでした。でも、授業を通して学んだこと全部が必要で、大切なことだと思いました。特に、私は「素直な態度で過ごす」ことを頑張っていこうと思います。

B さん 今回の全体の授業を通して、私自身にまだ足りないところが学べました。いままでは素直に謝れなくて、相手のことを考えられていませんでした。自分自身も含めて、みんなが気持ちよく過ごせるよう、気をつけて行動していきたいと思います。

[問い]
「信じる」ことってどうして大切なんだろう？

■ 実践のねらい

❶ 「信じる」という言葉は、物語等で見かけることはあっても、6年生の子ども自身が主体となり使うことはあまりない。今回は「信じることの大切さ」をキーワードに、自分の認識を広げていく。

❷ 「友達を信じる」ことに始まり、「自分を信じる」こと、そして「人は幸せになれると信じるか」という3つの問いで迫っていくことで、卒業を前にして自分の在り方をより深く見直していく。

■「問い」と「構成」づくりのポイント

クラスの子どもが「信じる」という言葉からまずはじめに連想するのは、「誰かを信じる」ということであろう。そこで、第1時は親友を信じることを取り上げ、自分に近づけて問いをもちやすい内容にした。問いは身近でも、自分たちの日常生活に近すぎる教材では、高学年の子どもには語りにくい部分もある。子どもの現実とほどよい距離感の教材を選択した。

第2時では、信じる対象を親友から自分に戻すことで、「信じることの大切さ」の概念を広げていく。スティーブ・ジョブズの生き方を教材として選択したが、ジョブズを単に「強靭（きょうじん）な精神の持ち主」ととらえるのではなく、「誰もが経験する挫折に直面した人」だという点に寄り添って考えることが重要である。

第3時では、「『誰だって幸せになれる』って信じる？」という問いについて、難病の少年の生き方を通して考えていく。第2時までを踏まえ、目に見えないもの、実感しにくいものを信じることについて考えられるようになると仮定し、本時を設定した。授業が進むにつれ、それぞれの内容項目を内包しつつ、信じることの意義がより広がり、生き方を見つめることができる構成を目指した。

■ [ユニット] 授業ストーリー

使用教科書 廣済堂あかつき「小学生の道徳 6 年」

第1時 「親友を信じる」とはどういうことなのだろう？

主 題 「友達を信頼する」 　　　　　　　　　　　　　　B(10)

内容項目 友情、信頼　　**提示教材** 「ロレンゾの友達」

第 1 時では、ユニット導入部で「信じることの大切さ」について、最初の自分たちの認識を確認し、本時の内容に入る。親友（自分ごとにするために、友達ではなくあえて親友とした）を信じることで、自分や親友がどのような影響を受けるのか、ということに目を向けさせる。ロレンゾに対する行動が、自分にとってという視点と、ロレンゾにとってという視点の 2 つの意義で語られていくような展開にする。

第2時 「自分を信じる」とはどういうことなのだろう？

主 題 「夢の実現に向けての希望と勇気」　　　　　　　　A(5)

内容項目 希望と勇気、努力と強い意志　　**提示教材** 「未来を変える挑戦 ― スティーブ・ジョブズ ―」

前時において、親友との相互関係のうえに自分の行動を見つめ直したのに対し、第 2 時では、「信じる」ことのベクトルを自分に向けて、自分に対する行動に自分自身で意味づけしていく。自分の可能性を信じ、希望をもって生きていくことの大切さについて考える。自信をもつことのむずかしさや諦めてしまった経験など、人間理解や自分理解の側面が重要な意味をもつ。

課題探求のプロセス

第3時 「誰だって幸せになれる」って、信じる？

主 題 「限りある生命を懸命に生きる」　　　　　　　　　D(19)

内容項目 生命の尊さ　　**提示教材** 「星への手紙」

第 3 時では、生死を踏まえ、生き方の尊厳といった部分に踏み込んで考えていく。授業の最初に子どもが想起した幸せの定義と、少年が選択した生き方のなかで実感した幸せにはずれが生じる。それが幸せかどうかを考えていくなかで、何を信じることが大切で意味のあることなのか気づかせたい。本時の終盤では、「信じることの大切さ」について、自分なりにユニット学習を振り返る時間をとる。

自己の生き方についての考えの深まり

■授業を通じて子どもが考えを深めていくための工夫

子どもの考えを深める教師の技

自分の初期概念と向き合う板書

授業の内容によっては、子どもたちが授業の最初に想起したことと、本時の中心発問との間にずれや矛盾が生まれることがある。「あれ？　さっきまでの自分たちの考

え方だと解決できるかな…」という違和感の認識が板書で表れるようにする（本ユニットの場合は第3時）。

ユニットの振り返り

ユニット開始と終末の15分間をグループでの活動にしたが、その際大きめの付箋を用いた。使用した付箋の色は、開始時と終末時とで異なり、グループのメンバーにも教師にもその子の変容がわかりやすいものにしている。

予想板書

主発問とクラスの子どもの反応とを、あまり時間をかけなくてよいのであらかじめ黒板やノートに書いてみる。問いや子どもの反応がどうつながるのか、またユニットと本時の関係が授業者にとって整理される。

🖊️ 指導のポイント

　3時間の「信じる」ことの学習の根本には、それぞれねらいとする内容項目がある。それを授業者が明確にしておくことが重要である。

　教材との出会わせ方によって、子どもの思考の方向性は変わってくる。第1時では、「友達」ではなくあえて「親友」という言葉を意識して使った。クラスの実態から、「親友がもしも疑われたら…」という設定の方が切実感があると考えたからである。また、第2時の教材の前置きを、「どんな困難も乗り越えた人だよ」とするのか、「信じていたことが周りに認められず、一度すべてを諦めてしまった人だよ」とするのかによっても、教材への向き合い方が変わってくる。そこに中心発問がうまく乗るかどうかを考えていく。

Aさん	課題探求のプロセス	Bさん
[導入時の姿]		[導入時の姿]

<table>
<tr><td>

Aさん

[導入時の姿]

> いつも内容項目の深いところまでじっくり考える子どもである。相手意識をもてるが、時折自分に自信のない発言が見られる。

</td><td>

課題探求のプロセス

</td><td>

Bさん

[導入時の姿]

> 友達に優しく、いつも前向きである。自分の不得手な部分や、自分にとってはむずかしい部分にも向き合うことができる。

</td></tr>
<tr><td>

信じるってことは、その人にとって何が一番よいかを考えるってことだと思います。罪を犯していて捕まったとしても、そのときは苦しいかもしれないけれど、最終的にはその人にとってよいのは捕まること。一時の幸せより、人生が幸せな方がよいと思うから、今回はニコライの意見でした。

</td><td>

第1時

</td><td>

私はサバイユ派。私がロレンゾだったら、友達に「自首しなよ」って言われたらびっくりするけど、ちゃんと事情を聞いて、「ちょっと信じてほしかったな」と言って許すから。

</td></tr>
<tr><td>

自分にとって信じるってことはすごくむずかしいと思いました。できないかも、裏切られるかもという弱い考えに流されちゃいそうだから。相手を信じられるのは、結局自分を信じている人ができることだと思いました。

</td><td>

第2時

</td><td>

自分を信じるってことは、くじけても立ち向かうこと、くじけそうな自分ではなく、目標へ向かう自分を信じることだと思った。「信じる」にはいろいろな種類があるなと思った。

</td></tr>
<tr><td>

自分の環境に満足できたとき、幸せと言えると思った。北原さんがどう思っていたのか、本当のところはわからないけれど、本人が幸せに向かって「もっとこうなりたい」という気持ちがあるなら、その求めている何かが手に入ったときに幸せになれると思います。

</td><td>

第3時

</td><td>

私たちの当たり前は、北原さんの当たり前と違っている。だから私が同じような病気になったら、幸せになれないと思う。でもそこで病気のことを忘れるくらい夢中になれることに出会えたなら幸せになれるのだと思った。北原さんのような人を応援したくなった。

</td></tr>
<tr><td>

[変容した姿]

> 「信じることによって得られるものがあると思った」とグループ交流で話していた。今回は相手意識よりも、自己の内面に向き合えていた。

</td><td></td><td>

[変容した姿]

> 「自分を信じれば自分の幸せが見つけられる。他人を気にしすぎると、充実した生き方につながらないこともある」とユニット学習を振り返っていた。

</td></tr>
</table>

153

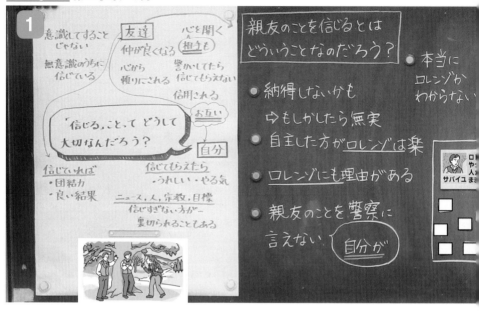

第1時 「親友を信じる」とはどういう

1 「信じることの大切さ」についてイメージを膨らませる。現段階での自分たちの認識を確認し、今後の学習の見通しをもたせる。

T 信じることって、どうして大切なんだろう？

C 信じてもらえたらうれしいと思う。

C 信じていたら、お互い仲がよくなる。

C 団結力が生まれると、いい結果につながると思う。

T 「信じることの大切さ」と聞いて、友達とか、相手との関係について考えた人が多いようだね。今日は「親友を信じること」について考えていくよ。

2 教材を提示し、自分だったら親友にどんな行動をとるか、自分の立場をネームマグネットで表明して、自由に意見を交流する。

T 自分だったら、親友ロレンゾに対して、誰の立場に近い行動をとるかな？そしてそれはどうしてかな？

C アンドレ派。本当にロレンゾがやったかわからないよ。

C サバイユ派。親友のことを警察には伝えられないよ。

C ニコライ派。黙っていると自分も罪になってしまうから。

C ニコライ派。ロレンゾに残りの人生をやり直してほしい。

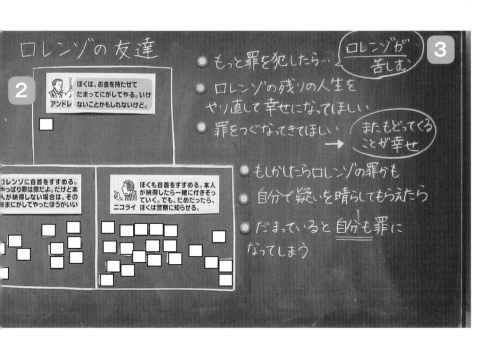

ことなのだろう？

3 　自分視点と親友視点の意見が出てきたら、学習を振り返る。次時の学習の方向性を予告をする。

T　自分の気持ち、そしてロレンゾの気持ちを中心に2つの考え方があるね。

C　ロレンゾにも理由があるのかも。

C　疑いを晴らさないと、ロレンゾがこの後苦しむよ。

C　もし罪を犯していても、また帰ってきてくれることが幸せだと思う。

T　あなたにとって、「親友を信じる」とはどういうことだと思ったかな。

T　今回は「親友を信じる」ことについて、考えたね。次回は、「自分を信じる」ことについて考えていくよ。

A さん　この授業で私が考えたことは、親友だからといってその人にとってよいことだけをするのはよくないんじゃないかということです。なぜなら、その人との関係をこわしたくないからと言ってかばってあげたりすると自分の良心が痛むと思うからです。

B さん　私は変わらずニコライです。理由は、やっぱり罪をつぐなった方がすっきりして、しゃく放された後も友達として関われるし、ロレンゾがびくびくしながら暮らすよりよいと思うから。

C さん　友達を信じることはすごく大切だけど、「善」と「悪」の区別をつけるのが大事だと思った。

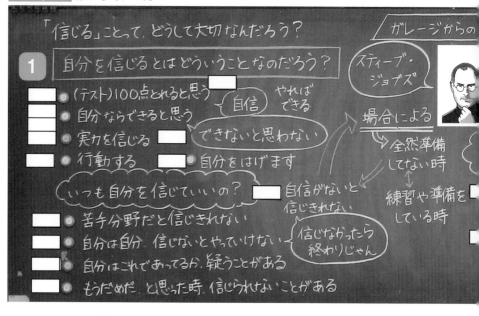

第2時 「自分を信じる」とはどういう

1 「自分を信じる」ことについて話すなかで、自信をもつこと、希望を抱くこと、行動に移すことなどの具体的なイメージを想起する。

T 「自分を信じる」ことってある？どんなときにそう思えるだろう？

C 大事な場面で、できると思うこと。

C 自分を励ますことだと思うよ。

T 周りの家族や親友が反対しても、いつも自分を信じられると思う？

C 自分のことは自分が信じるしかない。

C もうだめだと思ったときは自信がない。準備してないときとか。

2 教材を提示し、一度は挫折したジョブズの成功について考える。「努力した」と表面のみをとらえるのではなく、その本質を考えさせたい。

T 好きなことだけ信じてやっていたら、ジョブズのようになれるということなのかな？

C 違うと思う。好きなだけではうまくいかないし。ジョブズも好きなことだけやっていたわけじゃないと思う。

C 仲間との衝突も、自分のことを考え直すよいきっかけだったのかも。

C 目標が達成できるくらいの知識や技術がないといけない。学んでいかないといけない。

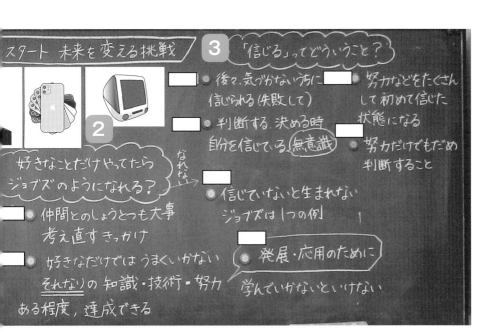

スタート　未来を変える挑戦 ／ 3 「信じる」ってどういうこと？

2

後々、気づかないうちに◯◯信じられる（失敗して）

判断する。決める時 自分を信じてる（無意識）

努力などをたくさんして初めて信じた状態になる

努力だけでもだめ 判断すること

好きなことだけやってたらジョブズのようになれる？

なれる／なれない

信じていないと生まれない ジョブズは1つの例

仲間とのしょうとつも大事 考え直すきっかけ

好きなだけではうまくいかない それなりの 知識・技術・努力

ある程度，達成できる

発展・応用のために 学んでいかないといけない

ことなのだろう？

振り返り［例］

3 ジョブズが何を信じたかが見えてきたら、あらためて「自分を信じる」ことについて自分の考えをもち、共通解を見いだしていく。

T　ジョブズの生き方を見てきたけど、それを踏まえてみんなにとって「自分を信じる」っていうのは、いま、どんなこと？

C　失敗とかを経験していくうちに、気づかないうちに信じられるようになるものなんだと思うな。

C　私は、努力を重ねて初めて、自分を信じた状態になると思う。

C　ただ努力するだけでもだめで、自分で考えて判断しないといけない。

A さん　自分を信じるだけじゃだめだと思った。「信じ続ける」じゃないとだめだと思う。ジョブズだって一度は大変な目にあったけど、もう1回信じたからこそ、立ち直って成功したから、そこが違うのだと思った。

B さん　信じるとは、自分のためになるかならないか、その人のためになるかならないかを自分の心が見極めて行動するものだと思います。ただ思ったことを行動するのは信じることではなく、それなりの努力をして初めて信じるといえると思いました。

C さん　信じるというのは前回やった仲間と自分では意味がちがう。自分を信じるとは、いやなことがあっても自分を信じ続けることで、それによって1からやり直すこともできると思う。

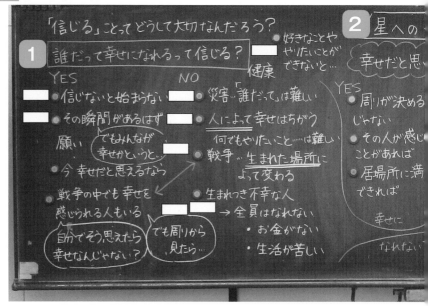

第3時 「誰だって幸せになれる」って

1 誰もが幸せになれるか、肯定と否定の考えを広く集める。ここでの幸せのイメージが、教材とのずれを生む。それを教材と自分の価値観との対話のきっかけにする。

T 誰でも幸せになれると思いますか？

C 誰もが、というのはむずかしいと思う。人によって幸せが違うし、やりたいことが実現するとは限らない。

C やっぱり信じないと始まらないよ。

C 生活が苦しい人や、戦争がある国に生まれた人はなれない。

T これから紹介する詩は、どんな人が書いたものだと思う？

C 相手のことを考えている優しい人。

2 北原敏直さんについて紹介し、教材を提示する。最初にイメージした自分たちの感じている幸せと照らして考える。

T 誰もが幸せにはなれないと感じている人も多いみたい。北原さんの生き方は幸せだと信じることができる？

C 周りが幸せかどうか決めることじゃないから、その人がそう感じられることが何かあれば幸せだと思う。

C 居場所に満足できれば、幸せだよ。

C 「もっとこうしたい」と思ったら辛いし、幸せを感じづらくなると思う。

C 長い時間の苦しみがあるなら、健康な方が幸せだよ。

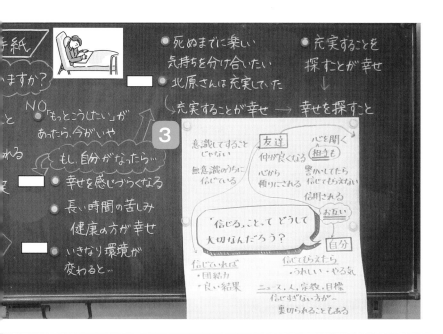

信じる？

3 北原敏直さんの生き方について多様な解釈が出たところで、「幸せになれると信じる」か、自分に引き寄せて考える。本時の学習テーマに対する共通解を見つけていく。

T 自分がそういった状況になったとしたら、もう幸せになると信じることはできないということなのかな。

C 詩にもあったけど、僕だったら死ぬまでに楽しい気持ちを分け合いたいな。

C 充実して過ごしたんじゃないかな。

C 生きている間に、充実することが幸せなんだと思う。

C 自分が生きている間、充実することを探すことが幸せなんだと思うよ。

A さん 入院して同じような子たちの存在に気づけて、何かをしたいと思えるようになったし、病気に向き合えるようになった。当たり前のことが幸せだと思えることが幸せなんだと思う。

B さん 周りから見たら「かわいそう」とかあわれみしか見えないかもしれないし、自分もそう思ってしまうかもしれない。でも、その人自身が幸せだと思えることがあるなら、それは幸せだと思っていいと思う。

C さん 自分が幸せだと思えることがあるなら、「(病気等で) もうだめだ」と思うよりは絶対にいい。病気と前向きに戦って苦しいときもあると思うのに、幸せだと思えるなら、それは幸せだと思う。

[問い]

みんなと仲よく生活するにはどうすればよいのだろう？

■ 実践のねらい

❶ 人には、「たのしい」「かなしい」「おこる」など、さまざまな気持ちがあることを知る。それらの気持ちを身体や表情、言葉などで表現したり、周りの人の気持ちに気づいたりしようとする実践意欲と態度を育てる。

❷ 普段の自分の様子を思い出して、どのような場面で「たのしい」「おこる」気持ちになるのか振り返り、明るくウキウキするような「たのしい」「うれしい」気持ちをもって、学校生活を送っていこうとする態度を育てる。

■「問い」と「構成」づくりのポイント

特別支援学級には、気持ちのコントロールや表出が苦手な子ども、過度な感情表出で友達とトラブルになりやすい子どもなど、さまざまな実態をもつ子どもたちがいる。この課題を解決するためには、自分や周りの人の気持ちに真剣に向き合う時間が必要なのではないかと考えた。

本単元は、1年間を通して「きもち」についての授業を展開する。1学期は、「じぶんの『きもち』についてしろう」という課題で、自分自身が「楽しい・怒る・悲しい」などの気持ちになるのは、どのような場面なのか振り返ることで、自分の感情としっかり向き合える時間をつくる。

2学期は、「まわりのひとの『きもち』についてをしろう」という課題で、テーマに沿って自分の話をしたり、周りの人の話を聞いたりすることでみんなの気持ちは同じなのか、異なるのか知る機会をつくる。

3学期は、「みんなの『きもち』をかんがえよう」という課題で、これまで学習して気がついた自分の気持ちを念頭に置きながら、周りの人はどのような気持ちであるのかを考えさせる。最終的に、みんなでよりよい学校生活を送っていくためには、どのような気持ちで生活していけばよいのか考える。

■［ユニット］授業ストーリー

1学期 じぶんの「きもち」について　しろう

> **主　題**「7つの　じぶんの『きもち』について　しろう」
>
> **内容項目** 個性の伸長　　**提示教材**「気持ちカード（7枚）、顔部品パーツ（けんたろうくん）」
>
> 　1学期では、自分の気持ちについて考える授業を展開する。1年間扱っていく教材「気持ちカード」についての説明と、どのような場面や出来ごとで「たのしい」「かなしい」「おこる」気持ちになるか、自分自身を振り返って考える。自分の気持ちを身体や言葉で表現する力や日常生活で経験したことを振り返り、自分の気持ちも添えて相手に伝える力を育てる。

2学期 まわりのひとの「きもち」について　しろう

> **主　題**「じぶんと　まわりのひとの『きもち』について　しろう」
>
> **内容項目** 友情、信頼　　**提示教材**「気持ちカード、顔部品パーツ（けんたろうくん、はなさん）」
>
> 　2学期では、周りの人の気持ちについて知るための授業を展開する。自分の気持ちをみんなに話したり、話を聞いて周りの人の気持ちを知ったりする活動を通して、よりよい人間関係を築こうとする実践意欲と態度を育てる。また、個々の実態に応じた相手の気持ちを知るための手段や態度を身につけさせる。

課題探求のプロセス

3学期 みんなの「きもち」を　かんがえよう

> **主　題**「みんなが　どんな『きもち』か　かんがえよう」
>
> **内容項目** 友情、信頼／よりよい学校生活　　**提示教材**「気持ちカード、顔部品パーツ」
>
> 　3学期では、1〜2学期の学習のまとめとして、周りの人の気持ちについて考える授業を展開する。自分の気持ちを踏まえつつ、周りの人はどのような気持ちをもっているのかについて考える時間を通して、日常生活でも自分の気持ちを尊重しながら、周りの人がもっている気持ちも大切にし、仲よく学校生活を送っていこうとする実践意欲や態度を育てる。

> **みんなと仲よく生活するにはどうすればいいのだろう**

■ 授業を通じて子どもが考えを深めていくための工夫

子どもの考えを深める教師の技

ホワイトボードの活用

特別支援学級でのグループ活動は、子どもたちだけで司会進行をしたり、ノートやホワイトボードに考えや発言をまとめたりするのは、大変困難さが見られる。そこで各グループに教師を配置して、活動の進行をしたり意見を集約したりする。子どもたちも自分の発言がホワイトボードに書いてもらえることで、積極的に発言をしたり、自分の気持ちを考えたりと活動に対しての満足感や達成感が得られやすくなる。

けんたろうくん と はなさん

まとめの時間は、クラスの子どもの気持ちを代弁して顔で表現してくれるけんたろうくんとはなさんが登場する（架空の人物）。目や口などを動かすことで表情が変化するため、子どもの注目度が上がる。ポイントは口や目、眉毛をゆっくり動かすことで、表情の変化に気づかせるようにすることである。

✎ 指導のポイント

　年間を通して、毎時間同じような授業展開で取り組んできたことで、子どもは混乱なく授業に参加することができた。そのなかで使用した気持ちカードは、視覚的な支援かつ表情での気持ちの理解といった点で、非常に有効な教材であった。最終的には気持ちの名称カードを見せるだけで、どのような気持ちか表現することができるようになった。また、まとめの時間にけんたろうくんとはなさんを登場させることでみんなの気持ちを代弁し、客観視することができた。それだけでなく、これまで聞いたり、話したりする時間が続き、集中が切れかかっているところで、子どもたちが「見て、楽しい」と思える教材が提示されるため、集中力の持続という点でも効果が見られた。

Aさん（知的1年）		Bさん（自閉6年）
[導入時の姿]		[導入時の姿]

自分なりの方法で周りの人と接しようとし、良好な関係を築いている。その一方で、自分の思いや気持ちを言葉で正しく伝えることがむずかしい。	課題探求	物ごとの感じ方やとらえ方が主観的かつ一方的であることと怒りやすいという特性から、クラスの子どもとトラブルになりやすい。

1学期

教師の手本を見てさまざまな気持ちを身体や言葉で表現した。次第に、「たのしい」などのカードを見るだけで、気持ちを自分で表現できるようになった。グループ活動では普段の様子から本児が「たのしい」と感じているだろうエピソードを提示し、選んで話した。

怒りやすい特性があり、授業でも「おこる」気持ちに一番興味をもって、身体や言葉で表現し、積極的に取り組んでいた。「たのしい」気持ちについて振り返る時間では、好きな遊びを思い出して、クラスの子どもに楽しげに話をすることができた。

2学期

本児が考えやすそうなエピソードを提示すると、少し迷いながらも自分の顔写真カードを気持ちカードの下に貼っていた。理由を伝えることはむずかしいが、普段の学校生活の様子から、本児が感じている気持ちを自分で選べている様子が見られた。

エピソードを聞いてから、自分の気持ちや理由をしっかり話していた。はじめは自分の思いだけを話して満足している様子だったが、次第に周りの人の話にも興味をもち始め、同じ気持ちの子どもがいたときには同調している様子が見られた。

3学期

周りの人の気持ちについて考えるというのは、むずかしい様子であった。自分のエピソードを問題にすることもむずかしく、教師が本児の気持ちを汲み取って一緒にみんなの前で話をすると、答え合わせのときは、自分で気持ちの答えを発表することができた。

はじめは、「自分はこういう気持ちになるから、きっと相手もそうだろう」という考えをもっていた。だが次第に、考え方に変化があり、「この人は、こういう人だからこんな気持ちかも」と相手の好きなものや特性を考慮した考え方をするようになってきた。

[変容した姿]	[変容した姿]
楽しいことがあると「やった〜」「しあわせ〜」と言うなど、授業で学んだ表現の仕方を休み時間に自分から使うようになってきた。	授業のなかで、自分本位な考え方から、周りの人の特性に目を向けて物ごとを考えようとする力が少しずつ身についてきた様子が見られた。

1学期 じぶんの「きもち」についてし

1 導入で、ペープサートを使った簡単なお話をする。お話を聞いて登場人物が「どんなきもち」だったか考え、そこから「きもち」についての授業を発展する。

T ぶたくんは、いぬくんとサッカーをしました。たのしかったです。
さて、「ぶたくんは、どんな気持ち」でしたか？

C ぶたくんといぬくん、でてきたよ。

C サッカーしてた。

C たのしかったって言ってた。

T ぶたくんは「たのしい」という気持ちでした。それではみんなで「きもち」について学習していきましょう。

2 「気持ちカード」を提示し、一通り確認した後、話し合いのテーマとなる気持ちを発表する。グループに分かれて話し合い活動をし、各グループの教師が意見を集約する。

T どのようなときに「うれしい・たのしい」気持ちになりますか？

C 体育でサッカーしたとき、5点取れてうれしかった。

C しっぽとりで2個取れて、楽しかった。

C 冷凍ミカン3個食べてうれしい。

T みんなたくさん、「うれしい」や「たのしい」気持ちを思い出して話をすることができました。

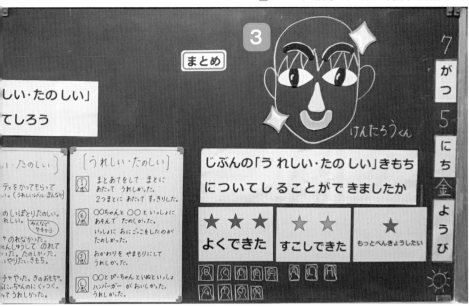

ろう

振り返り［例］

3 　みんながグループで話した「うれしい・たのしい話」を学習のまとめ役『けんたろうくん』に伝える。話を聞いた『けんたろうくん』は、表情が徐々に変化していく。

T　みんなから聞いたお話をひとつずつ『けんたろうくん』に伝えていきます。
「おかわりがうれしかった」
「一緒に鬼ごっこ、楽しかった」
C　眉毛がニコニコした。
C　口が楽しそうな形になった。
C　顔がキラキラしてる。
T　『けんたろうくん』は話を聞いてどんな気持ちになったかな？
C　「たのしい」気持ちになったと思う。

C くん　『よくできた』
気持ちカードがわかった。グループで自分の「たのしい」話をすることができた。

F くん　『よくできた』
自分の気持ちが発表できた。「たのしい」気持ちも「うれしい」気持ちもどちらも言うことができた。

H さん　『すこしできた』
「たのしい」お話をすることができた。『けんたろうくん』が面白かった。でも、勉強は少しむずかしかった。

「きもち」について

めあて じぶんと まわりのひとの きもちを しろう

うれしい

1 ① きょうの きゅうしょくは カレーライスです。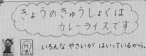

② あだ名で よばれたとき

2

きょうの きゅうしょくは カレーライス！

おいしい！
ママも つくってくれる。 ♡だいすき！
ルーが にがて
たべたことがない（？）
わからない

まずくもなく、うまくもない。
まあまあ　からい　ピリピリ
うれしい度 20%

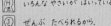
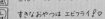

きょうの きゅうしょくは カレーライスです

いろんな やさいが はいっているから。

ぜんぶ たべられるから。

すきなおやつは エビフライ♪！

カレーは からいから にがて
ママのカレーがすき♡

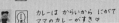

あだ

2学期 まわりのひとの「きもち」につ

1 「気持ちカード」を提示し、ひと通り確認した後、話し合いのテーマを発表する。実態に応じたグループに分かれて話し合い活動をし、各グループの教師が意見を集約する。

T 「今日の給食はカレーライスだったとき」、みんなはどのような気持ちになりますか？顔写真を気持ちカードの下に貼りましょう。

C 私は「うれしい」気持ち。いろいろな野菜が入っていておいしいから。

C 「うれしい」。全部食べられるから。

C 私は「怒る」。カレーは辛いし、あまり好きじゃない。でも、ママのカレーライスは大好き。

2 教師がグループでの話し合いをみんなに発表する。ホワイトボードの顔写真（板書上はイラスト）を黒板に移動し、みんなの意見を板書としてまとめていく。

T 「今日の給食はカレーライスだったとき」、みんなの気持ちって一緒だったかな？

C 違う。うれしい人と怒る人がいた。

T そうだね。では「あだ名でよばれたとき」みんなの気持ちは一緒？

C 一緒。みんな怒る気持ちだった。

T みんなが同じ気持ちになるときもあれば、違う気持ちになるときもあるみたいだね。

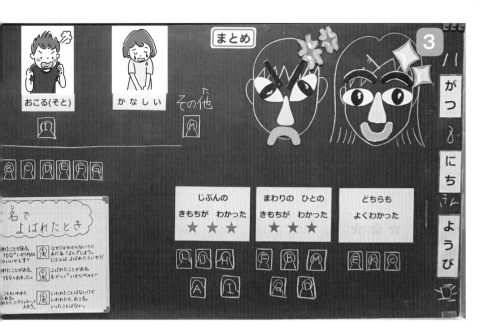

いてしろう

③ 学習のまとめ役『けんたろうくんとはなさん』の登場。今回の話し合いのテーマを伝え、2人の顔がどのような表情に変化するか、注目させながら授業のまとめをする。

T 2人にみんなの話を伝えます。2人の表情に注目です。「今日の給食がカレーライスのとき」、どんな気持ち？

C けんたろうくんは怒ってる。

C はなさんは、笑ってるね。

T 「あだ名で呼ばれたら？」

C あ、2人ともすっごい怒ってる！

T みんなは表情で気持ちがわかるの？

C 目とか眉毛、口とかが変わるから。

T 「きもち」って目でも見えるんだね。

B くん 『まわりのひとのきもちがわかった』
あだ名で呼ばれたら、みんなが怒る気持ちになるということがわかった。

E くん 『どちらもよくわかった』
自分の気持ちが発表できた。周りの人がどんな気持ちなのかわかった。カレーライスが好きな人がたくさんいた。

I さん 『じぶんのきもちがわかった』
学校のカレーライスが辛くて苦手なことをみんなに言うことができた。

「きもち」について

めあて みんなの「きもち」をかんがえよう

ぼくの「きもち」
わかるかな？ゲーム

①もんだいを　だす。
②きもちを　かんがえる。
③かおの　しゃしんを　はる。
④りゆうを　はなす。
⑤こたえの　はっぴょう。

1

たのしい
うれしい

3学期 みんなの「きもち」をかんがえ

1 問題の出題者は前に出てきて、「気持ちカード」を1枚選択する。その気持ちになる場面を思い出して話をし、それを聞いた子どもは出題者がどんな気持ちになるのか考える。

C 「高速道路を車で走ったとき」、僕はどんな気持ちでしょうか？

T どんな気持ちになるか考え、黒板に写真カードを貼りましょう。理由も教えてください。

C 「うれしい」と思う。Jさんは交通標識が好きだから。

C 同じ。僕が、車が好きだから。

C 「こわい」と思う。車がビュンビュン速いからビクビクする。

2 出題者は、答えとその理由を発表する。出題者と問題を答えた子どもたちが、なぜそのような気持ちなのか互いに理解を深めるため、顔部品パーツで、その気持ちを再現する。

C 答えは、「うれしい」です。車が速く走るのが好きだから。

T では、顔のパーツを使って、「うれしい」気持ちをつくってみましょう。「うれしい」になるかな？

C あ、口がすごく笑ってる。

C 眉毛もニコニコしてるね。

C 「うれしい」気持ちの顔になった。

T 高速道路を車で走ると「うれしい」気持ちになることがわかりましたね。

よう

３ 1年間を通して、自分の気持ちや周りの人の気持ちを知る学習をした。最後に、どのような気持ちをもって学校生活を送っていけば、よりよいものになるか考えてみる。

T　みんなは学校で遊ぶとき、どんな気持ちで過ごしたいですか？

C　「うれしい」「たのしい」気持ち。

T　いつもみんなは「たのしい」「うれしい」気持ちで遊んでいますか？

C　「おこる」ときもある。

T　「おこる」も大切な気持ちですよね。でもみんなが同じ「たのしい」気持ちで遊ぶにはどうしたらいい？

C　怒っている人の話を聞いてみる。

B くん　『みんなのきもちをかんがえた』
Jさんは交通標識が好きだから、高速道路に乗れて「うれしい」気持ちになると思った。答えが当たってよかった。

C くん　『もんだいをつくってはっぴょうができた』
ペットのハムスターに噛まれたときの話ができた。「しあわせ」な気持ち。自分の気持ちをみんなに話すことができた。

G さん　『たのしくさんかできた』
問題に答えるとき、大好きな車の話ができて楽しかった。

169

あとがき

　令和2年度より、小学校道徳科改訂教科書の使用が始まります。「特別の教科　道徳」がスタートするにあたり、道徳科教科書と道徳学習評価の導入も同時に進行しました。その道徳科教科書編纂に初めて携わったときの感動を、著者は未だに忘れることができません。それまでの道徳副読本とは違う道徳科教科書、学習指導要領に則って編纂し、なおかつ教科書検定とさらには教科書採択手続きを経て子どもたちの手に届けるという一連の感動を味わいました。そのときに思ったのは、「道徳学習上の特質によるただし書きの事情から特別とつくものの、これでようやく他教科同様に簡単には無視できない教科教育学の1分野として認められたのだなあ」ということです。

　道徳科が他教科同様に教科教育学の一角に位置づけられることは、とても大きな変化です。なぜなら、道徳科教育学として成立するためには、社会科学的な視点から道徳教育内容学と道徳教育方法学の両面から体系化、組織化を図っていかなければならないということを意味しますから、心情重視型道徳授業から社会科学的な知見に裏打ちされた論理的思考型の道徳科授業をイメージしていかなければならなくなったことを物語っているからです。このような道徳科教育学という理論的発想はまだ端緒に就いたばかりですが、これから一つ一つの理論構築とそれを裏づける教育実践を積み重ねていくことで、いずれは大きく開花するのだと考えます。

　本書で提案した3つの道徳科授業理論、①「課題探求型道徳科授業」、②「パッケージ型ユニット」、③「グループ・モデレーション」は、これから未来へと発展し続ける道徳科教育学への一里塚であると考えています。わが国の道徳教育が道徳科への移行転換によってますます充実・発展することを祈念し、「あとがき」と致します。

令和2年6月吉日　編著者記す

田沼　茂紀（たぬま　しげき）
國學院大學人間開発学部初等教育学科教授

新潟県生まれ。上越教育大学大学院学校教育研究科修了。國學院大學人間開発学部初等教育学科教授。専攻は道徳教育学、教育カリキュラム論。
川崎市公立学校教諭を経て高知大学教育学部助教授、同学部教授、同学部附属教育実践総合センター長。2009年より國學院大學人間開発学部教授。同人間開発学部長を経て現職。日本道徳教育学会理事、日本道徳教育方法学会理事、日本道徳教育学会神奈川支部長。
〔**主な単著**〕『表現構想論で展開する道徳授業』1994年、『子どもの価値意識を育む』1999年、『再考－田島体験学校』2002年（いずれも川崎教育文化研究所刊）、『人間力を育む道徳教育の理論と方法』2011年、『豊かな学びを育む教育課程の理論と方法』2012年、『心の教育と特別活動』2013年、『道徳科で育む21世紀型道徳力』2016年、『未来を拓く力を育む特別活動』2018年、『学校教育学の理論と展開』2019年（いずれも北樹出版刊）。

問いで紡ぐ小学校道徳科授業づくり
学びのストーリーで「自分ごと」の道徳学びを生み出す

2020（令和2）年7月15日　初版第1刷発行

編著者……田沼茂紀
発行者……錦織圭之介
発行所……株式会社 東洋館出版社
　　　　　〒113-0021　東京都文京区本駒込5-16-7
　　　　　営業部　TEL 03-3823-9206 ／ FAX 03-3823-9208
　　　　　編集部　TEL 03-3823-9207 ／ FAX 03-3823-9209
　　　　　振替　　00180-7-96823
　　　　　URL　http://www.toyokan.co.jp
装丁………中濱健治
印刷………製本：藤原印刷株式会社

ISBN978-4-491-04258-9　　　Printed in Japan